MOBIL & AKTIV ERLEBEN

WOHNMOBIL-REISEFÜHRER

Baltische Staaten: Estland

Tipps für Ihre Reise
aus der Praxis, für die Praxis

Johannes Hünerfeld
MOBIL & AKTIV ERLEBEN
WOHNMOBIL-REISEFÜHRER

Eduard-Trabold-Straße 6
D-79183 Waldkirch-Kollnau

Tel. +49(0)7681/4 92 77 18
Fax +49(0)7681/4 92 77 19
mailto:verlag@mobil-und-aktiv-erleben.de

www.mobil-und-aktiv-erleben.de

DER AUTOR: JOHANNES HÜNERFELD

Der gelernte Bankfachwirt und langjährige, erfolgreiche Autor mehrerer Wohnmobil-Reiseführer wurde am 15.5.1963 in Freiburg im Breisgau geboren.

Er wuchs in Kollnau im Elztal auf und lebt heute mit seiner Familie wieder in seinem Heimatort.

Seit Anfang der 1990er Jahre sind er und seine Frau passionierte Wohnmobilbesitzer und konnten über lange Zeit umfassende Eindrücke auf Reisen sammeln.

Mit Begeisterung und dieser Erfahrung hat der Autor seit 2001 erfolgreiche Wohnmobil-Reiseführer erstellt und viel Anerkennung erhalten. Hierdurch hat er sich ein breites Wissen über die Belange des Wohnmobil-Tourismus, die Wünsche und Bedürfnisse der Leser wie auch der Stellplatzbetreiber angeeignet.

TITELBILD:

Rast im Matsalu Nationalpark (Landspitze Puisenina)

DRUCK:

Omniprint GmbH, Gewerbestraße 106, 79194 Gundelfingen

GRAFISCHES KONZEPT:

bente :: werbung + design, Kapellenweg 12, 79100 Freiburg

KARTOGRAFIE:

AS Regio Ltd. | Riia 24 | Tartu 51010 | ESTONIA

HERAUSGEBER, SATZ UND PRODUKTION, FOTOGRAFIE:

Johannes Hünerfeld
MOBIL & AKTIV ERLEBEN
WOHNMOBIL-REISEFÜHRER
Eduard-Trabold-Straße 6
D-79183 Waldkirch-Kollnau
Tel. **+49(0)7681/4 92 77 18**
Fax **+49(0)7681/4 92 77 19**
mailto:verlag@mobil-und-aktiv-erleben.de
Homepage: www.mobil-und-aktiv-erleben.de

(Aufnahmen anderer Fotografen sind entsprechend gekennzeichnet).

ISBN 978-3-943759-13-6

BIBLIOGRAFISCHE INFORMATION DER DEUTSCHEN NATIONALBIBLIOTHEK

Die Deutsche Nationalbibliothek verzeichnet diese Publikation in der Deutschen Nationalbibliografie; detaillierte bibliografische Daten sind im Internet über http://dnb.dnb.de abrufbar.

Zur Einstimmung

Tere tulemast! Herzlich willkommen in Estland!

Estland - wunderbar anders! Erleben Sie auf kleiner Fläche eine beispiellose Vielfalt. Die Besucher schätzen die kilometerlangen, weißen, oft menschenleeren Sandstrände sowie die mehr als 1.500 naturbelassenen Inseln wie Saaremaa, Hiiumaa und Muhu.

Die weitläufigen Waldflächen, die fast die Hälfte des Landes ausmachen, laden Aktivurlauber zu Wanderungen und Rad-Touren ein. Estland verfügt über eine enorme Artenvielfalt. In kaum einem Land sind so viele Vogelarten zuhause. Zudem finden sich große Populationen von Wölfen, Bären und Luchsen.

Die Architektur Tallinns, der Hauptstadt Estlands, vermittelt einen Eindruck der bewegten Historie der ehemaligen Hansestadt. Die Altstadt, die zum UNESCO-Weltkulturerbe zählt, ist so gut erhalten wie in kaum einer anderen europäischen Hauptstadt. Eine Vielzahl an Herrenhäusern, Schlössern und Festungsanlagen im ganzen Land laden Sie auf spannende Entdeckungstouren ein.

Neben zahlreichen Museen und historischen Sehenswürdigkeiten, die es im ganzen Land zu erkunden gibt, finden sich in der Festivalsaison zahlreiche kulturelle Highlights. An den Sängerfesten – ebenfalls ein Kulturerbe der UNESCO – nimmt etwa jeder zehnte Este teil, ob als singender Zuschauer oder Sänger auf der Bühne.

Die Leidenschaft der estnischen Küche ist es, auf alte Rezepte zurückzugreifen und sie mit einem Löffel Nordischem zu bereichern. Das lässt sich preiswert genießen und macht das Land zu einem begehrten Reiseziel für Feinschmecker.

Übrigens: Estand gilt als Online-Nation, in der WLAN beinahe als Menschenrecht betrachtet wird. Überall in Estland gibt es kabellosen Internetzugang - und das meistens gratis. Viele Informationen zu Reiserouten und Angeboten sowie Bilder, Videos und Karten sind online unter www.visitestonia.com abrufbar. Damit und mit diesem Buch sind Sie bestens gerüstet für Ihren unvergesslichen Aufenthalt in Estland. Und nun wünsche ich Ihnen eine gute und erlebnisreiche Fahrt!

Ihr

Johannes Hünerfeld

Inhaltsverzeichnis

LIEBE LESERINNEN UND LESER,

Mit diesem Wohnmobil-Reiseführer der Reihe „MOBIL & AKTIV ERLEBEN" richten wir uns an all diejenigen, die sich gerne in der Natur aufhalten, sich dort sportlich aktiv betätigen und zugleich die regionale Kultur erleben möchten. Mit unseren Routen- und Ausflugsvorschlägen sowie mit den Stellplatztipps treffen wir sicherlich auch Ihren Geschmack.

Beachten Sie bitte, dass sämtliche Informationen in diesem Buch gewissenhaft und teils mehrfach vom Autoren vor Ort recherchiert worden sind. Doch kann nicht ganz ausgeschlossen werden, dass bei der Recherche oder bei der Umsetzung im Buch etwas übersehen, vergessen oder falsch wiedergegeben wurde. Wir haben keinen Einfluss auf spätere Veränderungen der jeweiligen Gegebenheiten vor Ort, die beispielsweise vom Wetter, veränderter Rechtssituation, Verbotsschildern etc. und anderen Rahmenbedingungen beeinflusst werden.

Verlag und Autor übernehmen keine Verantwortung für die Rechtmäßigkeit, Richtigkeit und Vollständigkeit der Angaben im Buch. Die Haftung ist ausgeschlossen, sofern ein Schaden nicht auf Vorsatz oder grobe Fahrlässigkeit zurückgeführt werden kann.

Haben Sie doch einmal Anlass zur Kritik, Vorschläge für Ergänzungen oder Korrekturhinweise, informieren Sie uns bitte. Mit Ihren Änderungsvorschlägen sowie Anregungen zu Inhalt und Gestaltung helfen Sie uns, die Wohnmobil-Reiseführer aus der Reihe MOBIL & AKTIV ERLEBEN aktuell zu halten und weiter zu verbessern.

Bitte lassen Sie uns mit konkreter Angabe von Buchtitel, Auflage und Seitenzahl wissen, welche Hinweise und Vorschläge Sie uns geben möchten. Sie erreichen uns auf dem Postweg (Adresse siehe Einleitung). Noch einfacher ist es, wenn Sie uns eine eMail an verlag@mobil-und-aktiv-erleben.de schicken oder das Kontaktformular auf der Website nutzen.

Zum Gebrauch des Buches

Bevor Sie sich mit der Lektüre der vier Routen befassen, möchte ich ein paar Hinweise in eigener Sache vorausschicken und diese mit einigen grundlegenden Informationen zum Verständnis der Stellplatz- und Routenvorschläge dieses Buches verbinden.

Sie haben sich mit dem Kauf dieses Buches für einen Wohnmobil-Reiseführer entschieden, der sich mit einem wunderschönen Reiseland befasst: Estland - der kleinste der drei baltischen Staaten.

Dieser Wohnmobil-Reiseführer ist eines von drei Büchern, die sich mit den drei ehemaligen Sowjetrepubliken befassen, die Anfang der 90er Jahre den Weg in die Unabhängigkeit gesucht und gefunden haben. Mittlerweile sind diese drei Länder auch mitten in Europa angekommen, indem sie seit 2004 Mitglieder der Europäischen Union wurden. Am 1. Januar 2011 führte Estland planmäßig die europäische Gemeinschaftswährung ein, was uns natürlich auch das Reisen einfacher macht.

Dieser Wohnmobil-Reiseführer zeigt Ihnen, dass Estland so viele schöne Plätze und Sehenswürdigkeiten bietet, überdies zahlreiche Camping- und freie Stellplätze an den herrlichen Stränden der Ostsee, aber auch im Binnenland.

Mit dem Begriff „Reise ins Baltikum" wird man dem eigenständigen Charakter, der Kultur und Geschichte der drei baltischen Staaten nicht gerecht. Estland schaut auf eine wechselvolle Geschichte zurück, die über Jahrhunderte hinweg auch eng mit der deutschen Vergangenheit verflochten ist. Viele der schönsten Städte gehörten der Hanse an. Burgen und Schlösser nebst herrlichen, alten Parks finden Sie im ganzen Land zahlreich. Auch kulinarisch hat Estland einiges zu bieten. So war es konsequent, jedem der drei baltischen Staaten ein eigenes Buch zu widmen.

Mit den parallel erscheinenden Nachbarbüchern über Litauen und Lettland können Sie die Vorschläge dieses Buches problemlos verknüpfen. Schließlich besuchen viele Touristen „das Baltikum" im Rahmen einer längeren Reise, vielleicht auf dem Weg in Richtung oder aus Finnland oder rund um die Ostsee.

Eine Übersicht über die vollständige Liste der verfügbaren mobil & aktiv erleben Wohnmobil-Reiseführer finden Sie unter www.mobil-und-aktiv-erleben.de.

Sämtliche Beschreibungen und Vorschläge für Ihre Reise durch Estland sind auf Grundlage mehrerer Reisen gewissenhaft erstellt worden. Es handelt sich um eine subjektive Schilderung der Reiseerfahrungen des Autoren, die zum Teil gemeinsam mit der Familie und teils mit Freunden gesammelt wurden.

Die Stellplatz- und Ausflugstipps wurden persönlich, oft mehrfach, recherchiert und die Parkplätze auf die Wohnmobiltauglichkeit hin beurteilt. Sofern es sich um Privatgrund handelt, wurde die Beschreibung im Buch mit den Eigentümern besprochen. Doch ist selbstverständlich nie ganz auszuschließen, dass sich im Lauf der Zeit Veränderungen ergeben, die eine Nutzung der Stellplätze einschränken oder verbieten. Hierfür kann der Autor keine Gewähr übernehmen, ebenso wenig wie für die Rechtmäßigkeit der Hinweise und Tipps, auch wenn bei der Recherche stets größtmögliche Sorgfalt gegeben war.

Bitte verstehen Sie die Stellplatztipps nie als Rechtfertigung, auf Privatgrund ohne Rücksprache mit den Eigentümern zu parken, schon gar nicht über Nacht. Es ist eine Selbstverständlichkeit, bei Restaurants oder anderen privaten Stellplätzen, die hier beschrieben sind, **mit den Besitzern zu sprechen** und das **Einverständnis einzuholen**, den Parkplatz als Stellplatz zu nutzen. Es ist auch Ehrensache, die Anfrage mit der Einkehr oder einem Einkauf zu verbinden, besonders dann, wenn keine Stellplatzgebühr erhoben wird. Sicher ist hier und da ein Trinkgeld sinnvoll.

Grundidee dieses Buches ist das Bestreben, Ihnen eine große Auswahl von Stellplatzalternativen zu geben, aus der Sie das Pas-

Rast mit schöner Aussicht auf Haapsalu

sende heraussuchen. Es ist mein Ziel, Ihnen lange Fahrtwege auf der Stellplatzsuche zu ersparen und zugleich eine bunte Auswahl an regionalen Besonderheiten aufzuzeigen, sei es mit Blick auf die Geschichte und Kultur, aber auch auf **regionale Produkte**.

Zugleich ist es ein Anliegen, Ihnen die Mentalität der Esten näher zu bringen. Vor allem die ältere Generation mag Ihnen auf den ersten Blick einen distanzierten Eindruck machen. Das hat jedoch nichts mit Unfreundlichkeit zu tun, sondern ist eher eine Folge der Unterdrückung und Überwachung in den Diktaturen der Jahrzehnte vor der Wende. Zugleich darf ich auf die herzliche Gastfreundschaft hinweisen, die sich nach einer „Aufwärmphase“ ergibt. Diese möchte ich Ihnen mit diesem Buch näherbringen. Man erlebt sie nur, wenn man mit den Menschen in Kontakt tritt. Deshalb möchte ich Sie animieren, mit den Besitzern von Restaurants, Campingplätzen, aber auch mit der „einfachen Bevölkerung“ den persönlichen Kontakt zu suchen. Das geht ganz besonders gut auf Stellplätzen in der Natur, denn die Esten schätzen es selbst, am Wochenende Campingurlaub zu machen. Allerdings sind es nur wenige Einheimische, die sich ein Wohnmobil leisten (können). Meistens schlägt man auf dem Wochenendausflug das Zelt auf und nutzt die einfachen Zeltplätze an Seen und in den Wäldern, um gemütlich im Familien- und Freundeskreis zu entspannen. Für mich war es auf allen Reisen nach Estland immer wieder ein Erlebnis, mit den Menschen auf diese Weise in Kontakt zu kommen. Dabei habe ich viel Herzlichkeit und Offenheit erlebt.

Dieses Buch beschreibt eine **Mischung zahlreicher Stellplätze** verschiedener Kategorien. Zudem möchte ich dies mit Hinweisen verbinden, wo und wie Sie die wohlverdienten Stunden im oder vor dem Wohnmobil mit vielseitigen **Urlaubsaktivitäten** und mit der Einkehr in Restaurants verbinden können, welche die estnische Küche pflegen und einheimische Produkte verarbeiten. Dies spiegelt die **regionale Besonderheit** besser wieder. Hier und da gebe ich auch Hinweise auf Hofläden, Landbäckereien oder Mühlen entlang der Routen, die ihren Gästen eigene oder regionale Produkte anbieten. Damit Sie Ihre Einkehr im Vorfeld abstimmen können, sind bei den Stellplatztipps nach Möglichkeit die **Kontaktdaten** (Telefon, eMail-Adresse und Website angegeben). So werden Sie bei Ihrem Besuch nicht vor verschlossener Tür stehen und können den Übernachtungswunsch vorher besprechen.

Das Wandern, Rad fahren, aber auch Bademöglichkeiten genießen einen hohen Stellenwert im Wohnmobil-Tourismus. So habe ich zahlreiche Wander- und Radtouren, Seen, Strände sowie und Schwimmbäder in die Routenvorschläge eingebunden. Wo immer es mir möglich war, habe ich schöne **Sehenswürdigkeiten** geschildert, wenn diese sich in angemessener Entfernung mit einem Stellplatz befinden.

Selbstverständlich werden auch Kinder nicht vergessen. So ist dieses Buch auch für **Familien mit Kindern** geeignet. Für sie weise ich auf **Spielplätze** an den Stellplätzen hin, ebenso auf Attraktionen wie Tierparks oder ähnliches. Da auch und gerade Kinder gern im Wasser toben, schließt sich bei den erwähnten **Bademöglichkeiten** der Kreis. Beachten Sie dabei, dass das Baden an naturbelassenen Seen und am Meer besondere **Vorsichtsmaßnahmen** erfordert. Erkundigen Sie sich über die Gegebenheiten, zumal es an Badeseen oft keine Badeaufsicht gibt. An offiziellen Badestränden dagegen wird dieser Service häufig geboten. Die Wasserqualität ist übrigens meistens hervorragend.

Aus meiner langjährigen Erfahrung auf Reisen mit dem Wohnmobil bin ich mir bewusst, dass viele von Ihnen komfortable **Wohnmobilstellplätze** mit geeigneter Infrastruktur schätzen. Diese spezielle Art von Plätzen gibt es in Estland jedoch nicht. Man kennt, ebenso wie übrigens in Litauen und Lettland, nur den Begriff des **Campingplatzes**. Deren Preisniveau ist dabei etwas höher angesiedelt, als wir es von „Wohnmobil-Stellplätzen“ kennen.

Meist liegen die Preise je Wohnmobil und Nacht inkl. zwei Personen zwischen € 10,00 und 20,00. Sofern ich in den Stellplatzinformationen Preise angegeben habe, ist zu beachten, dass diese dem Stand der aktuellen Recherche (Sommer 2014) entsprechen. Zugleich weiß ich aber auch um den Wunsch zahlreicher Leser/innen, die Stellplätze mit **einfacher oder ohne wohnmobilspezifische Ausstattung** bevorzugen. Häufig reicht ein ganz normaler Parkplatz, wenn er mit einem attraktiven Umfeld verbunden ist. Diesem Wunsch werde ich mit Tipps für **freie Stellplätze** gerecht, die Sie in der Regel für eine Nacht nutzen können, bis Sie wieder eine **Ver- und Entsorgungsstation** benötigen. Zu den Stellplatztipps gebe ich Hinweise, wenn oder gegebenenfalls wo Sie alternativ eine entsprechende Ausstattung vorfinden.

Beurteilen Sie bei der Nutzung freier Stellplätze bitte, ob Sie sich selbst als Anwohner oder Nachbar durch Anzahl und **Verhalten der Wohnmobiltouristen** gestört fühlen würden. Wenn ja, suchen Sie bitte einen anderen Stellplatz auf, auch wenn er keine attraktive Aussicht bieten mag, einen Fußmarsch oder ein paar Meter mit dem Fahrrad erfordert. Es wäre schade, wenn durch das Fehlverhalten Einzelner oder durch „Wohnmobil-Burgen" die einschlägig bekannten Beschränkungen eintreten würden („Teppichstangen" oder Nachtparkverbote).

Beachten Sie bitte auch die **Infos von A-Z am Ende dieses Buches**. Dort finden Sie weitere Hinweise aus der Praxis. Wenn Ihnen unterwegs Informationen fehlen, Sie Veränderungen feststellen oder Anregungen zur Verbesserung des Buches haben, freue ich mich über Ihre **Zuschrift**. Besten Dank im Voraus.

Erläuterung zu den Symbolen

P	Parkplatz/Stellplatz		Picknickplatz
	Wandern, Nordic Walking		Radtour
	Restaurant		Einkaufsmöglichkeit
	Campingplatz		Ver-/Entsorgungsstation
	Wasserversorgung		Stromanschluss
i	Hintergrundinformation		Sehenswürdigkeit
	Markanter Gipfel/Aussicht		Badesee/Schwimmbad
	Thermalbad	WC	(öffentliche) Toilette

Entlang der Westküste

Ich gehe davon aus, dass die allermeisten meiner Leser über Lettland nach Estland reisen, weshalb diese erste Route an der lettischen Küste startet. Es setzt sich hier fort, was die lettische Ostseeküste ausmacht: Herrliche Strände, aber auch ein breiter Gürtel mit offenem Gelände, das besonders im Frühling und Herbst abertausenden von Vögeln auf ihrem alljährlichen Wanderzug Rastplätze gibt. Doch nicht nur der oft noch naturbelassene Küstenstreifen macht die estnische Westküste aus, sondern auch sehenswerte Städte, allen voran Pärnu.

Tere Tulemast - herzlich Willkommen in Estland! Von **Ainaži** nehme ich nicht die A11/E67 (Via Baltica), die in Estland nur noch die „4" als Namen trägt. Meine Wahl fällt vom Schiffahrtsmuseum auf die küstennahe Straße 311. Sie ist wenig befahren und landschaftlich schöner. Von der Grenze ist kaum noch etwas zu sehen.

In Estland ändert sich gegenüber Lettland aber hinsichtlich freier Übernachtungsplätze einiges. Nicht, dass es in Lettland schlecht geklappt hätte. Aber die estnische Forstverwaltung (RMK) investiert ordentlich in die Anlage und Pflege richtig schöner Rastplätze, auf denen das Zelten und Campieren zulässig ist, und das oft kostenlos oder gegen eine geringe Gebühr. Den ersten Platz dieser Art erreiche ich wenige Minuten nach der Grenze und entscheide mich zum Bleiben (Bild). Wer einen Campingplatz vorzieht, hat wenige Kilometer weiter Erfolg.

Das nächste Dorf ist **Kabli** und bietet weitere Möglichkeiten, die auch mit größeren Fahrzeugen problemlos erreichbar sind. Ein Platz mit Strandzugang liegt mitten im Dorf, etwas weiter nördlich liegen zwei schöne Campingplätze (Lemmeranna Külalistemaja und Mini Kämping, dessen Inhaber weiß, was Wohnmobilisten brauchen: Er fährt selbst eines).

TREIMANI - RMK-ZELTPLATZ

Stellplatzart: .... Zeltplatz
GPS: N57 56 19.6 E24 23 28.0
Adresse: .... Treimani, Rannametsa Ikla
Zufahrtinfo: Von Ainaži auf der Nebenstraße an der Küste über die Grenze. 7,5 km weiter nördlich (800 m ab Ortsausgang) ist links ab der Parkplatz ausgeschildert.
Kurzbeschreibung: Am ersten (asphaltierten) Parkplatz steht eine Infotafel über die Picknick-/Grillstellen in den bewaldeten Dünen.
Vorsicht! Vom Parkplatz führt ein Schotterweg in den Wald, der stellenweise sehr eng zwischen den Bäumen verläuft und sandige Passagen aufweist. Bitte prüfen Sie kritisch, ob das mit Ihrem Fahrzeug passt - lieber ein paar Meter gehen, als einen Schaden davonzutragen. Im Wald befinden sich Picknick- und Grillstellen mit Müllcontainern. Es sind nur wenige Schritte durch die Dünen zum Sandstrand.

Das Foto auf der vorigen Seite stammt von der Picknickstelle etwa 1 km nördlich des oben genannten Platzes (**GPS** N57 56 49.2 E24 23 23.4). Der Platz ist nur mit kleinen, wendigen Fahrzeugen zu empfehlen.

TREIMANI - LEMMERANNA KÜLALISTEMAJA

Stellplatzart: .... Campingplatz
GPS: N57 58 25.5 E24 24 30.0
Adresse: .... Treimani
Tel.: .... +372 5301 4400
mailto: .... info@lemmeranna.ee
Homepage: .... www.lemmeranna.ee
Zufahrtinfo: Etwas nördlich der zuvor beschriebenen Rastplätze.
Kurzbeschreibung: Großes Campinggelände, gut ausgestattet (V/E-Station, Grill-/Picknickstellen, einfaches Restaurant, sehr schöner Sandstrand, WiFi. **Öffnungszeiten**: Mai-Ende August.

ROUTE 1

KABLI - PÄRNUMAA MINI KÄMPING

Stellplatzart: .... Campingplatz
GPS: N57 59 31.1 E24 25 24.7
Adresse: .... Kabli (neben der 331)
Tel.: .... +372 5018 507
mailto: .... helto@hot.ee
Homepage: .... www.minikamping.ee
Zufahrtinfo: Etwas nördlich von Kabli rechts ab ausgeschildert.
Kurzbeschreibung: Campingwiese am Waldrand, Grillplatz, Du/WC gepflegt in einer Holzhütte, WiFi, Stromanschluss, Ver-/Entsorgung. Kosten 2014: Pauschal inkl. 2 Pers./Strom € 12,00. Zum Strand etwa 400 m . **Öffnungszeiten**: Ende Mai-Ende August.

KABLI - RAND (STRAND)

Stellplatzart: .... Parkplatz
GPS: N58 00 41.9 E24 26 52.3
Adresse: .... Kabli, Rannametsa Ikla (an der 311)
Zufahrtinfo: Nordwärts nach Kabli fahren, dort im Dorf links der Straße.
Kurzbeschreibung: Parkplatz mit Café und Spielplatz, Picknickbänke und Strandzugang.

Mein nächstes Ziel ist ein Schmankerl für Naturfreunde, vor allem für Vogelfreunde. Ich fahre 9 km nördwärts nach **Häädemeeste** (Gudmannsbach), das sich als Tor zum **Nationalpark Rannametsa Soometsa looduskaitseala** versteht. Dort bieten sich zwei Parkplätze zum Verweilen an, die sich mit einer kleinen Wanderung in die sumpfigen Wiesen am Ostseeufer verbinden lassen. In beiden Fällen spreche ich nicht vom „Ostseestrand". Einen solchen finden Sie hier nicht, wo der Übergang vom Festland zum Meer nur in wenigen Zentimetern Höhenunterschied gemessen wird. Entsprechend breit ist der Schilfgürtel. Die Uferwiesen werden von ausgewilderten Rindern und Pferden freigehalten, damit die Rastplätze für die Zugvögel erhalten werden, die zur Vogelflugzeit zu Millionen hier durchkommen.

HÄÄDEMEESTE - RANNANIIT JA VAATEPLATVORM

Stellplatzart: .... Parkplatz
GPS: N58 04 50.9 E24 29 22.4
Adresse: .... Häädemeeste, Suurküla
Zufahrtinfo: Kurz vor Ortseingang schrägt links halten, an der netten kleinen Kirche vorbei, im Zentrum nochmals links. Der Parkplatz ist dann links ausgeschildert hinter einem Gebäude.
Kurzbeschreibung: Geschotterte, etwas unebene Parkfläche, Wanderpfad ins Naturschutzgebiet.

HÄÄDEMEESTE - RANNANIIT JA VAATLUSTORN

Stellplatzart: .... Parkplatz
GPS: N58 05 55.2 E24 28 30.5
Adresse: .... Hääedemeeste, Rangerstation
Zufahrtinfo: Auf der 331 bis zum nördlichen Ortsausgang, dann links ab ausgeschildert. Zufahrt 2 km auf schmaler Schotterstraße.
Kurzbeschreibung: Geschotterter Parkplatz bei der Rangerstation, Informationstafel, Trockentoilette. Bild unten beim Sonnenuntergang.
Für beide Plätze gilt: Die Feuchtwiesen sind ein Eldorado für Stechmücken... **Mückenschutz** nicht vergessen! Und bitte Rücksicht auf die Tiere nehmen!

ROUTE 1

Wandern ins Naturschutzgebiet

Von beiden Wanderparkplätzen führen Fußwege in den sumpfigen Wiesengürtel. Der Weg vom Dorf aus endet nach gut 20 Min. auf einer kleinen Halbinsel. Der Vogelbeobachtungsturm allerdings hat sich aufgrund durchgefaulter Holzfüße in die Waagerechte geneigt. Schön ist es dennoch dort (Bild vorige Seite unten).

Auch vom zweiten Platz erreichte man noch vor wenigen Jahren in einer knappen halben Stunde einen Vogelbeobachtungsturm. Diesen hat das gleiche Schicksal ereilt, wie den „Bruder" (im Bild unten noch zusehen). Wann Geld zur Verfügung steht, um die Beobachtungsplätze wieder aufzustellen, war von der hilfsbereiten Rangerin nicht zu erfahren.

Zurück an der 4 (Via Baltica) fahre ich ein Stück nordwärts, vorbei an Võiste, und folge der Ausschilderung **Tahkuranna** kirik. Leider bietet der kleine Abstecher keine Stellplatzmöglichkeit mehr. Der frühere Campingplatz Tackendorf wurde wohl ein Opfer der Finanzkrise. Auf dem ehemaligen Gelände kann man aber noch parken (**GPS** N58 14 43.1 E24 28 47.2) und einen Spaziergang entlang der Küste auf die kleine Halbinsel machen. Der Blick über die mit Findlingen durchsetzte Bucht ist traumhaft schön (Bild unten). Auch die Besichtigung des nahen Kirchleins ist möglich. Man erreicht es, wenn man an der Gabelung beim ehemaligen Campingplatz links ab fährt nach etwa 400 m auf der linken Seite. Übernachtungstauglich ist dieser Platz kaum, sodass ich mich zur Weiterfahrt entschließe. Ich habe nicht lange zu fahren, bis ich einen Stellplatz erreiche, der die Ansprüche für eine Übernachtung erfüllt. Nicht weit entfernt (zu Fuß erreichbar, am besten aber mit dem Fahrrad) ist der **Lotte und Lotte Familienpark**, der auf dem Gelände einer früheren Sowjet-Kaserne eingerichtet wurde. **Öffnungszeiten/Info:** Ende Juli bis August geöffnet (estnische Sommerferien) tgl. 10^{00}-18^{00} h, www.lottemaa.ee, Eintritt: € 15,00, Kinder/Rentner € 9,00, Tel. +372 588 55 699, mailto: info@lottemaa.ee.

P TAHKURANNA - REIU RAND

Stellplatzart: .... Parkplatz/Wohnmobil-Stellplatz
GPS: N58 18 25.7 E24 36 05.8
Adresse: .... Tahkuranna, neben der 4
Zufahrtinfo: Auf der 4 nordwärts fahren - deutlich ausgeschildert.
Kurzbeschreibung: Große asphaltierte Parkfläche (Parkgebühr/Schranke). Betriebszeiten während der Badesaison. Schattenloser Platz, nicht weit von der 4 entfernt. 11 Stellplätze für Caravans/Wohnmobile.

Nahe beim Familienpark befindet sich auch der Badestrand Reiu Rand, sodass auch Badefreunde auf ihre Kosten kommen, bevor es über die 4 weiter Richtung **Pärnu (Pernau)** geht. Die Provinzhauptstadt ist seit Jahrhunderten ein bekannter und beliebter Kur- und Badeort, wo sowohl Freunde eines guten Campingplatzes als auch freier Übernachtungsmöglichkeiten auf ihre Kosten kommen. Von beiden Plätzen können Sie zu Fuß oder mit dem Fahrrad in die sehenswerte Stadt gelangen, die imposante Sehenswürdigkeiten und gute Einkehrmöglichkeiten für jeden Geschmack und Geldbeutel bereithält. Der Vorzug des Konse Caravan Camping ist, dass das Fahrzeug bewacht steht (Videoüberwachung und Umzäunung des Geländes). Doch habe ich auch den Strandparkplatz schon problemlos für eine Nacht genutzt, ebenso wie Freunde, die 2014 zeitgleich Pärnu besuchten.

PÄRNU - KONSE

Stellplatzart: .... Campingplatz
GPS: N58 23 06.4 E24 31 34.1
Adresse: .... Pärnu, Suur-Jõe 44A
Tel.: .... +372 5343 5092
mailto: .... info@konse.ee
Homepage: .... www.konse.ee
Zufahrtinfo: Auf der 4 in die Stadt fahren. Wenn diese rechts abknickt, bleiben Sie auf der Riia Maantee und biegen nach gut 500 m schräg rechts in die Juur-Jõe ab. Der Platz liegt dann ausgeschildert rechts.
Kurzbeschreibung: Sehr schön am Fluss gelegener Platz, mit Ausnahme des Mittsommerfestes auch ruhig. Bis 75 Wohnmobilstellplätze mit Stromanschluss, Ver-/Entsorgung, Waschmaschine/Trockner. Ein Restaurant kümmert sich ums leibliche Wohl (auf Vorbestellung auch Frühstück). Schöne Lage am Pärnu Jõgi, in dem man (als guter Schwimmer) auch baden kann (Bild: Am Pärnu Jõgi). **Tipp**: Rundfahrt mit dem Fahrrad entlang des Pärnu Jõgi zwischen den zwei Brücken mit City.

PÄRNU - PÄRNU STRAND

Stellplatzart: ....Parkplatz
GPS: N58 22 36.7 E24 29 28.0
Adresse: ....Pärnu, Mere puiestee
Zufahrtinfo: Auf der Riia Maantee in die Innenstadt, weiter bis zur Brücke über die Pärnu, dort aber scharf links. Durch die Akaademia weiter in die Lõuna und weiter in die Mere Puiestee, dort bis zum Parkplatz fahren.
Kurzbeschreibung: Asphaltierter Parkplatz/Parkgebühr 2014: € 9,60/T. Dicht am makellosen Sandstrand gelegen (Bild).
In geringer Entfernung befinden sich der Kuursaal, das Badehaus und die Innenstadt.

Sehenswertes in Pärnu

Früh erreichte Pärnu der Heilwirkung des Wassers wegen große Bedeutung als Kur- und Badeort für Gäste aus Estland selbst, aber auch aus Russland und anderen, vorwiegend osteuropäischen Ländern. Die Schlammpackungen versprachen Linderung verschiedener Leiden, vor allem des Bewegungsapparates. Der gute Grundsatz „Mens sana in corpore sana - ein gesunder Geist wohnt in einem gesunden Körper" wurde auch hier hoch gehalten.

Der Zuspruch zahlreicher betuchter Kurgäste, aber auch die Mitgliedschaft in der Hanse, ermöglichten der Stadt, einen hohen Standard zu erfüllen. So hat Pärnu noch heute vielfach für mondäne Kurorte typische, schmucke Gebäude zu bieten, auf dass der Gast sich wohlfühle.

Höhepunkte sind das Badehaus, der Kuursaal (... schreibt man wirklich mit „uu") und die Kirchen verschiedener Konfessionen. Die 1904 erbaute Kirche der abgespaltenen estnisch-orthodoxen Kirche Christi Verklärung und das evangelische Gotteshaus St. Elisabeth sind besonders sehenswert. Hotels und viele Pensionen verleihen der Stadt einen wunderschönen und sauberen, gepflegten Charakter. Hier ist wirklich kaum noch etwas von grauen Zeiten der Besatzung zu spüren oder zu sehen.

Die Haupteinkaufsstraße Rüütli ist gesäumt von schmucken Kaufmannshäusern, Kneipen und Cafés. Rund um das markante Moorbadehaus und den Kuursaal flaniert man gemütlich und kann zudem stilvoll einkehren. Lassen Sie sich einfach vom Flair dieser schönen Kurstadt verführen. Bummeln Sie gemütlich durch die schmucken Gassen und genießen Sie die estnische Küche oder einfach Kaffee und Kuchen in einem der vielen Restaurants und Cafés. Pärnu sollte man auf alle Fälle etwas der Urlaubszeit widmen, ohne dabei aber das Umland zu vergessen.

Am makellosen Sandstrand vor Pärnu

Die Moorbadeanstalt

Der Kuursaal von Pärnu

Einkaufsstraße Rüütli

Kirche Christi Verklärung (estn. Orth.)

Ev.-luth. Kirche St. Elisabeth

Von Pärnu bis Virtsu

An der nördlichen Flussschlinge des Pärnu Jõgi überquere ich den Fluss und halte mich auf der 60 Richtung nach Westen. Wer einen schönen Badestrand sucht, fährt auf der 60 von Pärnu her 5 km, bis in Höhe **Audru** eine Stichstraße links ab zu einem herrlichen Badestrand führt. Dort können Sie auf dem Campingareal des Strandrestaurants Doberani Rannamaja bleiben.

Wer sich mit einem Parkplatz begnügt, kann zuvor auf der Parkfläche gegenüber des Golfplatzes stehen. Vom Restaurant genießen Sie einen herrlichen Blick über die Bucht von Pärnu und können überdies herrliche Strandspaziergänge unternehmen.

AUDRU - DOBERANI RANNAMJA

Stellplatzart: ....Restaurant/Campingplatz
GPS: N58 23 11.0 E24 22 14.9
Adresse: ....Audru, Doberani tee 1
Tel.: ....+372 555 17 303
mailto: ....info@doberan.ee
Homepage: ....www.doberan.ee
Zufahrtinfo: Von der 60 Richtung Audru und dann der Ausschilderung folgen. Nach dem Golfplatz links ab zum Ziel.
Kurzbeschreibung: 17 Stellplätze für Wohnmobile/Caravans neben dem Restaurant, jeweils mit Stromanschluss. Wasserversorgung möglich, keine Entsorgung. Am Strand Hundeverbot. Traumhafter Sandstrand direkt vor der Sonnenterrasse (Foto unten). Kosten (2014): € 15,00/ Nacht pauschal inkl. Strom/Wasser. **Öffnungszeiten**: Mai bis September.
Alternative: Wer sich mit einer freien Stellplatzgelegenheit begnügt, kann auf dem großen, asphaltierten Parkplatz beim Golfplatz stehen (**GPS** N58 23 20.9 E24 22 20.7). Dort keine weitere Ausstattung und etwas weiterer Fußweg zum Strand).

Etwas weiter nördlich habe ich einen schönen Ausflugstipp für **Eisenbahnfreunde**. Wenn Sie sich zu diesen zählen, bleiben Sie etwa 6 km länger auf der 60, um rechts auf die 103 abzubiegen. Die gut befahrbare Schotterstraße führt nordwärts ins 12 km entfernte **Lavassaare**.

In dieser Gegend wurde früher Torf abgebaut. Für den Abtransport hatte man eigens eine Schmalspurbahn angelegt. Nachdem deren Dienste überflüssig wurden, richtete man in den 80er Jahren das Museum ein.

Im Freigelände sind nun um die 70 Waggons, Triebwagen und Lokomotiven zu bewundern. In der Ausstellung sehen Sie eine ganze Reihe interessanter Fotos und Dokumente.

Von Juni-September dampft überdies samstags ein Museumszug auf der ruckeligen Schmalspurtrasse ins Dorf und wieder zurück. Alternativ wird der Museumszug auch mit einem historischen Dieseltriebwagen bespannt. **Öffnungszeiten/Info**: Juni-Sept. Mo-Sa 11^{00}-18^{00} h, So bis 17^{00} h. Vor dem Museumsgelände steht ein kleiner Parkplatz zur Verfügung.

ROUTE 1

LAVASSAARE - EESTI MUUSEUMRAUDTEE LAVASSAARES

Stellplatzart: .... Parkplatz
GPS: N58 31 11.5 E24 20 59.3
Adresse: .... Lavassaare, Müramaa 1
Tel.: .... (+372) 527 25 84
mailto: .... mehishelme@hot.ee
Homepage: .... www.museumrailway.ee
Zufahrtinfo: 11 km nach Pärnu auf der 60 rechts ab auf die 103. Nach 12 km der Ausschilderung folgen.
Kurzbeschreibung: Geschotterter Parkplatz direkt vor dem Museumsgelände. Eintrittskasse im restaurierten Eisenbahnwaggon. Auf Anfrage auch Übernachtung möglich (bitte Personal informieren).

Pärnu-Virtsu: Durch eine herrliche Küstenlandschaft

Da nicht alle Leserinnen und Leser gleich viel Zeit haben, möchte ich vorab darauf hinweisen, dass Sie nun bequem und zügig auf der 60 und später auf der 10 nach **Virtsu** gelangen. Von dort können Sie dann weiter meinem Routenvorschlag bis Haapsalu folgen oder mit der Fähre hinüber nach Muhu (Moon) und Saaremaa (Ösel) fahren.

Ich habe mir jedoch die Zeit und Muße genommen, die Nebenstrecke entlang der Küste zu nutzen und dabei einige herrliche Ecken gefunden. Wenige Meter nach der Einmündung der 103 von Lavassaare her biege ich also in südlicher Richtung ab (Ausschilderung Tõstamaa). Die Küstenstraße folgt etwa 12 km der Uferlinie und knickt dann fast rechtwinklig nach Westen ab. Kurz zuvor, nach 11,6 km, biege ich nach links ab, dem Schild nach **Liu** folgend. Nach der Ortsdurchfahrt holpere ich auf einer kleinen, gut befahrbaren Schotterstraße in südwestlicher Richtung bis **Kavaru**. Dass dort ein Aussichtsturm (Linnutorn) ausgeschildert ist, lässt auf einen schönen Stellplatz hoffen. Und damit liege ich richtig. Ich nutze den Platz nun zum zweiten Mal. Ein Fischer begrüßte mich trotz Regens aufs Herzlichste - was will man mehr?

P WC KAVARU - LINNUTORN

Stellplatzart: .... Parkplatz
GPS: N58 16 10.5 E24 11 33.2
Adresse: .... Kavaru
Zufahrtinfo: Von Liu zunächst nach Kavaru. Dort links abbiegen auf den schmalen Schotterweg, der an einem Gehöft vorbei zum Ziel führt.
Kurzbeschreibung: Geschotterter Parkplatz bei einer überdachten Picknickhütte (es ist das Gemeindehaus des Weilers), Trockentoilette, Spielplatz. Etwas entfernt ein Vogelbeobachtungsturm, der eine schöne Sicht über die kleine Bucht und zur Halbinsel Munalaid eröffnet. Guter Platz für Vogelbeobachtung und für einen gemütlichen Abend am Lagerfeuer. Auf einer Infotafel am Picknickplatz wird gebeten, die Einrichtung pfleglich zu behandeln. Bei solch freundlicher Bitte tut man das gerne!

ROUTE 1

Fährt man nach dem Aufenthalt retour, muss man nicht über Liu zurück fahren. Vielmehr biegt man 700 m vom Parkplatz entfernt links ab und folgt der Schotterstraße durch den Wald, bis nach 3,5 km wieder die Küstenstraße 101 erreicht ist. Auf dieser geht es dann links ab weiter. Die Strecke verläuft zunächst in südwestlicher Richtung. An der Südspitze zweigt ein Sträßchen ab, das zum kleinen Fährhafen zur Insel Kihnu führt. Ich folge aber weiter der 101. Wer allerdings die Insel besuchen möchte - am Fährhafen befindet sich ein Parkplatz mit WC (max. 24 Std. Parkdauer!).

Ich fahre weiter in nordwestlicher Richtung, passiere eine Windmühle und Häuser, die einem den Eindruck vermitteln, man befinde sich in Schweden. Ein wenig ist das auch richtig, denn dieser Landstrich war über Jahrhunderte von Siedlern aus dem nördlichen Nachbarland bewohnt - bis diese während der Sowjetzeit das Weite suchen mussten. Bald weist ein Schild links ab zum **Jaaguranna Lillelaager**. Diesem folge ich, verbunden mit der Bitte, dass Sie mir das nur nachmachen, wenn Sie kein „Dickschiff" fahren. Der Schotterweg ist eher einem Feldweg ähnlich. Wer es aber auf sich nimmt, findet sich nach 2,4 km auf einem ruhig am Meeresstrand gelegenen, kleinen Campingplatz wieder. Der Besitzer bewirtet seine Gäste von Juni-September gerne auf Voranfrage auch mit kleinen Gerichten, Kaffee und Kuchen oder einem Frühstück - ein Platz zum Entspannen und Wohlfühlen.

P ≈ WC **TÕSTAMAA - JAAGURANNA LILLELAAGER**

Stellplatzart: .... Campingplatz
GPS: N58 17 19.7 E24 02 42.9
Adresse: .... Tõstamaa, Seliste küla
Tel.: .... +372 555 63639
mailto: .... info@jaaguranna.ee
Homepage: .... www.jaaguranna.ee
Zufahrtinfo: Von der 101 links ab ausgeschildert, etwa 3,5 km nach Abzweigung zum genannten Fährhafen.

Kurzbeschreibung: Abgelegen in einem weiten Areal, das der Besitzer gärtnerisch sehr schön gestaltet hat. In einem Aufenthaltsraum wird das Frühstück serviert. Wer mag, kann selbst hergestellten Honig kaufen. Und das Ganze ist ausgesprochen günstig: € 10,00 wechseln den Besitzer pro Nacht. Sauna auf Anfrage gegen Extragebühr.

Auf der Weiterfahrt bleibe ich nach wie vor der Küstenstraße 101 treu, die stets etwas im Landesinneren, aber mehr oder weniger parallel zur Küste verläuft. Ganz nach Ihren Vorlieben können Sie mir auch auf die nächsten Abstecher zur Küste folgen. Er führt auf einen ganz besonders schönen Landzipfel hinaus. Kurz nach **Tõstamaa** finden Sie einen richtig guten Rastplatz für ein gemütliches Picknick, einen Aussichtsturm sowie gemütliche Wander- und Spazierwege. Viel mehr kann man ja kaum wünschen. Ein Restaurant vielleicht, aber damit kann ich hier nicht dienen, wohl aber mit einer herrlichen Naturlandschaft und den größten Eichen Estlands.

Vielleicht ist Ihnen schon aufgefallen, dass auf diesem Abschnitt vermehrt Fotos zu sehen sind, die aus Reisen früherer Jahre stammen. Das ist aber einzig der Tatsache geschuldet, dass ich genau hier eine kleine Schlechtwetterphase erlebte. Die Plätze habe ich dennoch gewissenhaft recherchiert, habe allerdings auf Wanderungen bei strömendem Regen verzichtet.

P WC **TÕSTAMAA - KASTNA TAMMED**

Stellplatzart: .... Parkplatz
GPS: N58 19 21.5 E23 54 07.4
Adresse: .... Tõstamaa - südlich der 60
Zufahrtinfo: Von der 101 bei Tõstamaa führt eine Schotterstraße (gut befahrbar) links ab nach 3,2 km zum Rastplatz.
Kurzbeschreibung: Sie finden - mittlerweile sogar überdachte - Picknick-/Grillstellen vor, und dies im Schatten riesiger, alter Eichen. Diese hatten einst der Orientierung für die Seefahrer gedient, wie man erzählt. Allerdings - so richtig viel Schatten spenden die alten, teils ziemlich schütteren Bäume nicht mehr. Es soll ja Menschen geben, bei denen das im Alter auch nicht anders ist, wenn man beispielsweise die Haarpracht des Autoren betrachtet...

Zur Küste bei Kastna nina

Auf der Aufnahme (vorige Seite unten) sieht man schön, welche Aussicht man vom nahen Beobachtungsturm genießt. Und hier lässt sich auch bestens die Landschaft beschreiben, die geradezu zum Wandern einlädt. Und wer die Badesachen mitnimmt, kann das auch mit einem Bad in der Ostsee verbinden.

Vom Aussichtsturm aus folgt man der Schotterstraße geradeaus weiter durch eine herrliche Wachholderheide zum Strand bei der Feriensiedlung Kastna. Zum Strand ist es etwa 1 km zu gehen (oder zu radeln, wenn man möchte). Man kann den Weg über die Fahrstraßen (eine zweigt schräg rechts beim Aussichtsturm ab) jedoch beliebig verlängern. Sehr schön ist es dann jedenfalls, nach Rückkehr auf dem Picknickplatz zu verweilen.

Übrigens können Sie auch die nahe **Ferienanlage Kastna puhkeküla** mit dem Wohnmobil aufsuchen. Diese erreicht man über den schräg rechts abzweigenden Fahrweg, wobei ich diese nur bei einem Spaziergang während einer früheren Reise angeschaut hatte. Bei solch einem schönen Rastplatz verspürte ich jedoch keinen Bedarf, einen Campingplatz aufzusuchen, der durch feiernde Gruppen etwa unruhig gewesen war. Doch ist das ein subjektives Empfinden am Tag der Recherche. Ihnen mag das mehr zusagen. Hier die GPS- und Kontaktdaten: **GPS** N58 19 18.5 E23 53 23.8, www.kastna.ee, Tel. +372 50 84 529 E-mail: kastnabaas@kastna.ee).

Ähnlich schön, wie der vorige Rastplatz ist mein nächstes Ziel, das verlassene Fischerdorf **Matsi**. Dort finden Sie im Wald an der Küste weitere Picknickstellen. Wer genau hinschaut, entdeckt daneben zerstörte, vor sich hin faulende Fischerboote. Diese hatte wohl ein ähnliches Schicksal ereilt, wie die Boote an Lettlands Küste von Mazirbe. Die Fischer durften wegen Fluchtgefahr nicht auslaufen. Was hilft aber ein Boot, das nicht aufs Wasser darf?

ROUTE 1

MATSI - MATSI KALASADAM

Stellplatzart: .... Parkplatz
GPS: N58 21 41.2 E23 44 42.7
Adresse: .... Matsi - Kalasadam
Zufahrtinfo: Knapp 8 km ab der Abzweigung Kastna fahren Sie auf der 60 nordwestlich weiter und erreichen die Abzweigung. Links auf die Schotterstraße abbiegen. An der Küste angekommen, rechts abbiegen bis Matsi. Wer kein kleines, robustes Fahrzeug hat, sucht sich ein Plätzchen bei den Häusern, anderenfalls eines bei den Grillstellen im Wald an der Küste.
Kurzbeschreibung: Picknick-/Grillstellen im Wald, in dem sich auch einige Wracks alter Fischerboote befinden. Keine weitere Ausstattung - Bild vorige Seite unten.

Von Matsi zum Leuchtturm Sõmeri

Sie können für die schöne Wanderung entlang der Küstenlinie (auch mit einem Fahrrad machbar) ein Stück retour gehen oder radeln. Wo die Straße markant abknickt (Sie waren zuvor rechts abgebogen), führt ein Schotterweg weiter bis zum Leuchtturm auf der Landspitze Sõmeri poolsaar (einfache Strecke ca. 3,5 km).

Den Leuchtturm können Sie schon vom Rastplatz aus sehen, wenn Sie am steinigen Strand spazieren gehen. Vielleicht gibt Ihnen das den Anreiz, zu Fuß oder mit dem Drahtesel dorthin zu gelangen? Versuchen Sie es aber bitte keinesfalls mit dem Wohnmobil, es sei denn, Sie hätten einen ausgewachsenen Geländewagen. Die Aussicht auf die buchtenreiche Küste ist auch von der Halbinsel her sehr schön, was ich allerdings nur aus der Vergangenheit von Stellplatznachbarn weiß, welche die Wanderung gemacht hatten. Bei der letzten Recherche motivierte mich das Regenwetter nicht gerade fürs Radeln oder Wandern.

Die Straße führt im weiten Rechtsbogen zurück zur eigentlichen Route (101), die nach 5 km erreicht ist. Die Strecke ist gut ausgebaut und führt durch kleine Dörfer über **Vatla** und **Nurmsi.** Dort biegt man links auf die 180 ein und fährt bis zur Fernstraße 10. Dort geht es wieder links ab und dann geradewegs nach **Virtsu**.

ALTERNATIVE/ABKÜRZUNG FÜR KLEINE FAHRZEUGE

Es gibt noch eine vor allem nur für kleine Fahrzeuge geeignete, landschaftlich schöne Alternative. Sie ist vor allem für Natur- und Vogelfreunde interessant. Seien Sie mir aber nicht böse, wenn ich Sie hier über eine fast unverschämt enge Straße (max. 8 t/2,40 Breite) über eine kleine Landzunge mit einen aufgeschütteten Damm führe.

In diesem Fall biegen Sie etwa 10 km nach Helmküla, kurz nach Paatsalu, links ab und fahren zwischen zwei Natuschutzgebieten nordwärts (Straße 184). Nach 10,5 km zweigt links eine Schotterpiste ab, die schnurgerade über eine Landzunge im Schilfgürtel durch die flache Bucht verläuft. Kurz bevor die Meerenge auf einem aufgeschütteten Damm überquert wird, befindet sich links ein Parkplatz, der zur Rast einlädt, besonders für Naturfreunde (**GPS** N58 34 50.8 E23 33 51.5/Tammi tee). Vorteil der Strecke: Sie führt fast direkt zum nächsten Rastplatz am Meer bei einem kleinen Hafen mit Picknickbänken und Grillstellen.

P WC VIRTSU - VANALUPI

Stellplatzart: .... Parkplatz/Zeltplatz
GPS: N58 34 13.6 E23 33 04.9
Adresse: .... Virtsu, etwas abseits der Puhtu tee
Zufahrtinfo: Zunächst wie oben beschrieben über die 10 Richtung Virtsu fahren. Vor Ortseingang links ab in die Puhtu tee (eine schöne Allee), die in südlicher Richtung verläuft Nach 1,8 km mündet die Tammi tee von links ein. Sie halten sich geradeaus (wer den Damm befahren hat, biegt hier links ab). 500 m weiter weist ein Holzschild zum Rastplatz Vanalupi.
Kurzbeschreibung: Geschotterter Parkplatz mit zwei überdachten Picknick-/Grillstellen an einem kleinen Fischerhafen (Bild unten). Aussichtsturm, Trockentoilette. Sehr schöner Platz zur Vogelbeobachtung.

ROUTE 1

VIRTSU - AUTOMUSEUM

Stellplatzart: .... Parkplatz
GPS: N58 35 11.2 E23 31 48.1
Adresse: .... Virtsu, Linnamäe tee 11
Tel.: .... +372 537 30072
mailto: .... unicsenior@hot.ee
Homepage: .... www.missestonia.ee/unicsenior
Zufahrtinfo: Auf der 10 in die Stadt fahren, gegenüber der Tankstelle links in die Linnamäe tee, danach gleich rechts der Parkplatz.
Kurzbeschreibung: Geschotterter Parkplatz vor dem Oldtimermuseum, das in den historischen Gebäuden eines Gutshofes untergebracht ist.

Gästen des Museums steht der Parkplatz auf Anfrage auch für die Nacht im Wohnmobil zur Verfügung. Auf Anfrage auch Stromanschluss möglich.

VASÕIDUKITE VIRTSU TALUMUUSEUM

Im Automobilmuseum des Herrn Valeri Kirss (geöffnet 15.5.-15.9. täglich 10^{00}-17^{00} h) werden zahlreiche interessante Vehikel vergangener Tage gezeigt. Auch in diesem Museum sieht man, dass noch so manches schöne Stück in Scheunen und Garagen die Sowjetzeit überstanden hat und von Valeri Kirss wieder restauriert wurde. Natürlich sind auch interessante Fahrzeuge aus dieser Zeit zu sehen, nicht zuletzt der - vermutlich nicht eben sparsame - Wolga des Herrn Nikita Sergejewitsch Chruschtschow. Im Sommer 2007 hat Valeri beispielsweise mit einem BMW Dixi von 1931 (im Bild unten links) bei einem Oldtimertreffen in Tallinn für viel Aufsehen gesorgt, wie er mir stolz berichtete.

Sollten Sie auch noch etwas Passendes in der Garage haben, sprechen Sie ihn an. Valeri hat sich nämlich zum Ziel gesetzt, jedem Jahrzehnt mit mindestens einem schönen Wagen die automobile Aufmerksamkeit zu erregen.

Darüber hinaus sind in der ehemaligen Gutsscheune auch alte Kutschen, Fahrräder und Motorräder ausgestellt, ebenso manch schönes Stück aus der Landwirtschaft.

ROUTE 1

In **Virtsu** müssen Sie nun eine Entscheidung über den weiteren Reiseverlauf fällen. Möchten Sie die drei großen estnischen Inseln besuchen, was aus meiner Sicht sehr zu empfehlen ist, fahren Sie auf die 10 und weiter bis zum Hafen. Noch ein Tipp: Zwar hat sich auch auf den Inseln die Tankstellendichte etwas verbessert. Rund um Kuressaare finden Sie mehrere Alternativen, um den Tank mit Sprit zu füttern. Aber sonst ist das Tankstellennetz doch noch etwas dünner, die Strecken aber weiter, als man denkt. Daher sollten Sie hier nochmals voll tanken - schaden kann es ja nicht.

Durch den Matsalu Nationalpark nach Haapsalu

Ob Sie direkt nach Haapsalu durchstarten und die Inseln auslassen (Sie verpassen wirklich etwas!) oder später von Haapsalu zunächst nach Hiiumaa übersetzen - der Matsalu Nationalpark ist ein Naturerlebnis erster Klasse. Daher habe ich beides besucht . Und ich bereue keinen Tag und keinen Kilometer.

Die Route startet etwas nordöstlich von Virtsu, nicht weit von der Einmündung, an der ich zuvor von Süden auf die 10 gelangt war. Gut 1,2 km westlich der genannten Einmündung zweigt eine (gute) Schotterstraße in nördlicher Richtung ab. Wenn Sie Lust haben, finden Sie nach wenigen Minuten einen schönen Campingplatz als guten Startpunkt für den Ausflug in den Nationalpark.

HANILA - VOOSEMETSA

Stellplatzart: .... Campingplatz
GPS: N58 38 46.4 E23 39 45.5
Adresse: .... Hanila, an der 190
Tel.: .... +372 505 2679
mailto: .... info@voosemetsa.ee
Homepage: .... www.voosemetsa.ee
Zufahrtinfo: Auf der 190 von der 10 kommend 2,5 km nördlich, dann rechts auf den Campingplatz abbiegen.
Kurzbeschreibung: Rasenplatz am Waldrand, 16 Stromanschlüsse für Caravans/Wohnmobile Frischwasser, überdachte Picknic,-/Grillstelle, Schatten durch hohe Bäume. Frühstück auf Anfrage möglich. WiFi am Haus, sehr ruhige, naturnahe Lage. Es sind nur etwa 10 km nach Virtsu und nach Norden in den Nationalpark - auch ein schöner Tipp fürs Radeln in beiden Richtungen. **Öffnungszeiten:** Mai-Ende September.

An der Ausfahrt des Campingplatzes biege ich rechts auf die Schotterstraße (190) nordwärts ein. Nach gut 6 km ist die Nationalparkgrenze erreicht. Seien Sie auf einen schönen Ausflug um die Matsalu-Bucht herum gespannt. Noch 4,5 km liegen vor mir, bis die Straße in die 191 einmündet, wo ich wieder rechts abbiege.

DER MATSALU NATIONALPARK

Ein Kranich in der Morgensonne

Der Nationalpark umfasst eine Fläche von gut 486 km². Kernfläche ist die flache Matsalu Bucht mit dem Mündungsdelta des Kasari jõgi. Das Wasser der Bucht ist nur bis zu 1,5 m tief, hat aber eine Ausdehnung von 18 km Länge und 6 km Breite. Dies macht das Wasser seicht und nährstoffreich - beste Voraussetzung für einen reich gedeckten Tisch für die durchziehenden und hier brütenden Vögel. Das flache Gelände an den Ufern besteht zu weiten Teilen aus offenen Feuchtwiesen, teils aus Wäldern. Damit ist der Nationalpark eines der wichtigsten Durchzugsgebiete an der gesamten Ostsee für unzählige Zugvögel, wenn sie auf den alljährlichen Wanderungen Ruheplätze brauchen. 275 Vogelarten wurden registriert. Es gibt 175 hier nistende Arten, darunter Schwäne, Schwarzstörche, Gänse, Kraniche und viele mehr. 49 Fischarten und 47 Säugetierarten (darunter Wölfe, Luchse, Bären, ja sogar Schakale (!) und Elche) vervollständigen die reiche Flora und Fauna.

Wanderschuhe und Fahrrad sind wohl die besten Fortbewegungsmittel, um die einzigartige Natur zu erleben. Schöne Ausgangspunkte für Ausflüge habe ich gefunden, die ich Ihnen gerne empfehle. Dazu gehören Plätze, an denen Sie Aussichtstürme finden, denn es ist nicht einfach, in dem flachen Gelände vom Boden aus etwas zu entdecken. Die Einzigartigkeit des Nationalparks hat mich bewogen, ein Foto von hier als Titelbild dieses Buches auszusuchen. Bild unten: Beim Penijõe torn.

ROUTE 1

An der gesamten Strecke sollten Sie immer ein offenes Auge für die überaus reiche Tier- und Pflanzenwelt haben. Zwar ist es schwierig, plötzlich auftauchende Tiere zu fotografieren, ganz besonders aus dem Auto heraus. Sicherheit geht vor, zumal vor allem Unfälle mit Elchen teils schwere Folgen haben - für Mensch und Tier! Nehmen Sie sich lieber Zeit an einem der Rastplätze, bewaffnen sich mit Fotoapparat und Fernglas und genießen die Natur, ohne zu fahren.

Auf der 191 in östlicher Richtung erreiche ich schon nach wenigen Minuten (ca. 1 km Fahrstrecke) zunächst einen ganz besonderen Küstenabschnitt. Hier liegt nach wenigen Gehminuten ein riesiger Findling am Ufer der Matsalu Bucht. Einen Parkplatz gibt es nicht, man kann aber problemlos am Straßenrand parken, um den kurzen Strandspaziergang über die beweidete Wiese zum Ufer zu machen (Schild „Näärikivid 0,2 km" **GPS** N58 43 32.0 E23 36 03.1 - Foto unten links).

Es ist nicht mehr weit in das Örtchen **Metsküla**. Etwas weiter zweigt ein weiteres Nebensträßchen links ab nach **Matsalu**, das Dorf also, das der Bucht und dem Nationalpark den Namen gab. Fährt man dorthin, zweigt in Höhe des leider arg heruntergekommenen Herrenhauses in der Ortsmitte eine Straße links ab. Das Hofgut bestand schon seit 1447 und wird von einem artenreichen Park umgeben. Folgt man der Straße, gelangt man zum kleinen Fischerhafen, wo sich ein erster Beobachtungsturm findet.

P WC **MATSALU - KEEMU VAATETORN/PUHKEKOHT**

Stellplatzart: .... Rastplatz
GPS: N58 44 43.4 E23 40 25.5
Adresse: .... Matsalu, Keemu
Zufahrtinfo: Von der 191 nach Matsalu, im Ort links ab zum Fischerhafen.
Kurzbeschreibung: Schotterplatz am Fischerhafen, Beobachtungsturm mit hervorragender Sicht auf die Bucht. Trockentoilette.
Nebenan gibt es eine Picknickstelle (überdacht) - Bild unten rechts.

Fährt man stattdessen oder anschließend auf der 191 weiter in südlicher Richtung, gelangt man zur Fernstraße 10 und kann (links abbiegend) bis **Lihula** fahren. Dort lohnt sich durchaus ein kleiner Abstecher in das alte Städtchen Lihula. Die 1211 gegründete Stadt wurde einst im Schutz der alten Burg erbaut, die bald durch eine aus Stein gebaute Bischofsburg ersetzt wurde. Die Stadt war Sitz des Bistums Ösel-Wiek gewesen. Später zog das Bistum nach Pärnu und die Festungen waren nutzlos und verfielen nach und nach. Erst nach der Wende in den 90er Jahren machten sich Archäologen ans Werk und stellten die außerordentliche Dimension dieser Wehranlage fest, deren Ruinen frei zugänglich sind.

Sehenswert ist weiterhin das Gutshaus von 1726, das 1840 durch das heutige Schloss im klassizistischen Stil ersetzt wurde. Das Gut war ehemals im Besitz der schwedischen Adelsfamilie Tott und später über lange Zeit deutschbaltischer Adelsfamilien. Die letzte dieser Familien (Buxhoeveden) wurde im Zuge der estnischen Landreform 1919 enteignet. Das stattliche Gutshaus diente zur Sowjetzeit als Sitz der Verwaltung einer Sovchose und seit der Wende als Stadtmuseum von Lihula. Einen Besuch wert ist weiterhin die neogotische St. Elisabeth-Kirche, die 1876-78 erbaut wurde und mit ihrem Spitzturm mit rotem Turmhelm heute das Stadtbild beherrscht. Mit der Schenke Birgit im Blockhausstil und der Bar Särtsu finden Sie hier auch zwei der im Nationalpark eher wenigen Einkehrmöglichkeiten und können in der Stadt auch einkaufen.

Nur wenige Kilometer entfernt, im Dorf **Penijõe**, sollten Sie dann dem Informationszentrum des Nationalparks einen Besuch abstatten.

So fahre ich bei der Kirche hinüber zur 10 und überquere diese, um nach wenigen Minuten in **Penijõe** Station zu machen. Dort gilt meine Aufmerksamkeit zunächst dem Gutshof (Bild unten links), in dem heutzutage die Nationalparkverwaltung sitzt. In dem stattlichen ansehnlich renovierten Herrenhaus nebst dem ihn umgebenden Park besuche ich zunächst die interessante Ausstellung, die viele Informationen über den Nationalpark für Sie bereithält (Bilder unten). Besonders empfehlen möchte ich, sich den Film über die Tierwelt anzuschauen, der bei Bedarf in einem kleinen Kinosaal gezeigt wird.

Meine Anfrage bei den Rangern, ob man denn auch auf dem Parkplatz für eine Nacht stehen könne, willigte man gerne ein, verwies mich aber auch auf den nahen Picknickplatz, bei dem es auch einen kleinen Parkplatz gebe. So haben Sie also die Qual der Wahl, was Ihnen besser gefällt.

P PENIJÕE - INFORMATIONSZENTRUM DES NATIONALPARKS

Stellplatzart: .... Parkplatz
GPS: N58 42 52.9 E23 49 00.8
Adresse: .... Penijõe
Tel.: .... +372 472 4236 oder +372 513 8783
mailto: .... loodusegakoos@rmk.ee
Homepage: .... www.loodusegakoos.ee
Zufahrtinfo: Von der 10 in Höhe Lihula nordwärts nach Penijõe.
Kurzbeschreibung: Asphaltierter Parkplatz beim Informationszentrum

P PENIJÕE - PICKNICKPLATZ INFORMATIONSZENTRUM

Stellplatzart: .... Parkplatz
GPS: N58 42 47.1 E23 48 53.3
Adresse: .... Penijõe, an der 193
Zufahrtinfo: Wie Informationszentrum Penijõe, jedoch kurz zuvor links abbiegen und zum Picknickplatz vorfahren.
Kurzbeschreibung: Asphaltierter Parkplatz mit überdachter Picknickstelle neben dem Park beim Gutshof. Sicher die ruhigere und auch idyllischere Alternative. Zudem startet hier der Wanderpfad zum Aussichtsturm.

Zum Beobachtungsturm Penijõe torn

Beim Informationszentrum können Sie direkt die Wanderschuhe schnüren und eine kleine Tour zum Aussichtsturm draußen im Schilfgürtel starten. Zunächst durchquert man den Park beim Haupteingang und dann auf einer Holzbrücke den kleinen Fluss Penijõgi. So erreichen Sie den Picknickplatz (siehe Stellplatzinfo). Nun folgen Sie dem Flusslauf etwa 1,8 km und erreichen den Aussichtsturm, der allerdings während meines Besuchs zur Reparatur gesperrt gewesen war. Wenn Sie ein Picknick einpacken, haben Sie dort die Gelegenheit, dafür zu sorgen, dass Sie es nicht mehr zum Wohnmobil zurück tragen müssen. Die Route kann auf bis zu 7 km verlängert werden (siehe gute Markierung/Bild).

Ein weiterer, schöner Wanderweg liegt wenige Kilometer entfernt. Auch dort bietet sich die Möglichkeit, allerdings ohne weitere Ausstattung, auf dem Parkplatz zu nächtigen. Nur wenige Schritte entfernt, jenseits des Tuudi jõgi, erhebt sich ein Stahlgitterturm, der höchste Aussichtsturm im Nationalpark. Dafür bietet er eine überwältigende Aussicht (Foto unten). Im benachbarten Wald können Sie den 750 m langen Informationspfad erwandern und haben - mit einer Portion Glück - vielleicht sogar einen Elch vor der Linse. Ich dagegen habe mich länger auf dem Turm aufgehalten und den stolzen Kranichen zugeschaut.

SUITSU - VATLUSTORN

Stellplatzart: .... Parkplatz
GPS: N58 43 17.9 E23 45 00.3
Adresse: .... Suitsu, an der 194
Zufahrtinfo: Vom Informationszentrum 1 km retour und der Ausschilderung folgend, rechts abbiegen. Zunächst Asphalt, dann Schotter.
Kurzbeschreibung: Geschotterter Parkplatz, kurz vor der Brücke über den Tuudi jõgi, Trockentoilette. Jenseits des träge dahinfließenden Gewässers steht der markante Stahlgitterturm, den Sie besteigen sollten.

Ein solcher Turm, der überdies ganz ordentlich schwankt, wenn noch jemand die Treppen auf- oder absteigt, ist vielleicht nicht Jedermanns Sache. Aber es ist ja nicht der einzige seiner Art.

Ein weiterer soll mein nächstes Ziel sein. Er liegt allerdings weiter nordöstlich. Den östlichen Teil der endlosen Sumpfwiesen können Sie ohnehin kaum begehen, geschweige denn befahren, denn das Schutzgebiet steht nunmal der Tier- und Pflanzenwelt zur Verfügung. So fahre ich auf die 10, auf dieser ostwärts, bis zur Abzweigung der 31 Richtung Haapsalu und biege links ab. Ein paar schöne Dörfer lasse ich an mir vorbeigleiten, um mich etwa 15 km weiter links auf eine kleine Schotterzufahrt (die frühere Trasse der Straße) zu begeben. Etwas abseits der Straße stelle ich meinen Wagen neben den Zugang zur Aussichtsplattform, die sogar kinderwagen- und rollstuhlgerecht errichtet wurde. Hinter mir erstreckt sich dichter Wald, und vor mir schweift der Blick über die weiten Flächen. Tagsüber erscheinen mir diese wie ausgestorben. Doch das täuscht. Kaum setzt die Dämmerung ein, höre ich plötzlich die trompetenden Schreie von Kranichen. In großen Formationen ziehen sie in einiger Entfernung durchs Abendrot - schöner kann der Tag kaum zu Ende gehen.

RANNAJÕE - VAATEPLATVORM

Stellplatzart: .... Parkplatz/Rastplatz
GPS: N58 49 00.5 E23 46 53.1
Adresse: .... Rannajõe, an der 31
Zufahrtinfo: 15 km auf der 31 nordwärts fahren, dann in Höhe Martna schräg links der Ausschilderung zum Aussichtspunkt folgen.
Kurzbeschreibung: Entweder parkt man den Wagen am Straßenrand oder kann, nach eingehender Prüfung, neben die Zugangsrampe zur Aussichtsplattform fahren (siehe Bild links), aber bitte nicht ins Grünland fahren - Naturschutz! Nebenan der behindertengerecht gebaute Aussichtsturm. Hier haben Elch & Co. Wildwechsel und gehen hinaus aufs offene Feld. Ob sie das aber gerade tun, wenn Sie da sind, kann ich nicht versichern - auch ich hatte kein Glück (bzw. habe sie nicht gesehen).

Die weitere Fahrtroute führt mich nun auf die Nordseite der Matsalu Bucht. Hier besteht wieder die Wahl zwischen zwei Stichstraßen, die jeweils zu schönen Plätzen mit einem Aussichtsturm führen. Welcher der Plätze Sie nun mehr oder weniger reizt, kann ich nicht entscheiden, habe aber alle erkundet.

Die erste zweigt 4,7 km weiter nordwestlich links ab und führt nach **Haeska**. Das Gehöft liegt nach 6 km am flachen Ufer mit Blick auf die Insel Suurrahu, die sich kaum über die Wasserfläche erhebt. Das Grasland wird durch Rinder beweidet, auf der Insel brüten zahlreiche Vögel. Es hat einfach etwas, wenn man den späten Abend oder die frühen Morgenstunden für die Tierbeobachtung nutzen kann. Dann ist es angenehm, wenn man keine An- oder Abreise mehr hat - ein klarer Vorzug für unsere Art zu reisen!

Und die zweite Variante ist landschaftlich mindestens ebenso attraktiv, führt aber erst knapp 6 km weiter, bei Jõõdre, links ab in Richtung der Landspitze Puise. Bei **Tuuru** scheiden sich dann die Wege. Ein weiterer Aussichtsturm befindet sich in **Kiideva**, und der zweite Platz direkt an der Landspitze Puise. Dieser hat einen großen Vorteil: Ein Campingplatz nebst Restaurant. Doch die einmalige Natur ist allen Plätzen gemeinsam - wählen Sie selbst.

HAESKA - LINNUTORN

Stellplatzart: .... Parkplatz
GPS: N58 46 55.2 E23 39 45.3
Adresse: .... Haeska
Zufahrtinfo: Von der 31 der Ausschilderung folgen, nach 6 km ein kleiner Parkplatz links.
Kurzbeschreibung: Geschotterter Parkplatz neben der Schotterstraße. Eine Trockentoilette gibt es beim Gehöft neben dem Holzbohlenweg.

Der Fahrweg führt weiter zu einem Gehöft. Man geht an den Gebäuden vorbei und gelangt zum Aussichtsturm. Ich habe viele Schwäne und Gänse beobachtet. Ebenso zahlreich sind Enten und Watvögel zu entdecken, aber auch den Wiedehopf viele mehr. Nehmen Sie Fernglas und ein gutes Objektiv mit. Es lohnt sich (Linkes Bild - Aussicht vom Turm).

ROUTE 1

KIIDEVA - LINNUSSTORN

Stellplatzart: .... Parkplatz
GPS: N58 46 23.6 E23 32 51.0
Adresse: .... Kiideva (Ortsmitte)
Zufahrtinfo: 6 km nach Abzweigung Haeska links abbiegen. Nun 8 km fahren, dann links abbiegen. Die schmale, asphaltierte Nebenstraße führt mit vielen Kurven nach 5 km ins Dorf.
Kurzbeschreibung: Schotterparkplatz (rechtes Bild), 100 m Fußweg zum Fischerhafen mit dem Vogelbeobachtungsturm. Trockentoilette und Zeltwiese liegen neben dem Parkplatz mitten in dem netten Fischerdorf.

PUISE - KÜLA NINA

Stellplatzart: .... Campingplatz/Restaurant
GPS: N58 45 52.7 E23 27 05.3
Adresse: .... Puise küla, an der Landspitze
Tel.: .... +372 5782 2278 (englisch)
mailto: .... leidrek@gmail.ee
Homepage: .... www.puisenina.com
Zufahrtinfo: Von der Abzweigung, an der man links nach Kiideva gelangt, geradeaus und 8 km bis zur Landspitze fahren.
Kurzbeschreibung: Große Rasenfläche hinter der ehemaligen Fischfabrik. In dieser befindet sich jetzt das Restaurant, in dem die Fischerfamilie prima Fischgerichte anbietet - unbedingt empfehlenswert! Geöffnet Mai-Sept. (auf Anfrage ganzjährig), Preis € 6,00/Fahrzeug, € 5,00/Pers. Eine Entsorgungsstation gibt es nicht, aber Frischwasser/Strom, WiFi, Du/WC.

Den letzten Tag im Maatsalu Nationalpark beschloss ich bei einem hervorragenden Fisch des Tages, zubereitet von der Inhaberin des Platzes aus dem gleichtägigen Fang ihres Gatten. Der Fisch hat richtig gut geschmeckt, das kühle, leicht aromatisierte Wasser aus dem Tiefbrunnen dazu ebenfalls.

Zum Dessert kündigte sich ein grandioser Sonnenuntergang an, der absolut gelungen war (Bild unten). So entschloss ich mich zum Abendspaziergang an den steinigen Strand. Zugegeben - ich hätte es auch bequem haben und den Beobachtungsturm besteigen können. Dieser ist nämlich auch für windiges Wetter geeignet, denn er ist mit Fenstern versehen. Dann geht man einfach mit den Augen spazieren.

Den Spaziergang ans Ufer der Matsalu Bucht konnte ich auch nur machen, weil ich außerhalb der Brutsaison hier war. Was mir Mutter Natur bescherte, war traumhaft, vermutlich schwer zu überbieten. Dazu hier und da der Ruf eines Vogels, eine auffliegende Ente, draußen im Wasser Singschwäne und über mir die allabendliche Kranichzüge. Den erstaunlich milden Spätsommerabend verbrachte ich noch eine Zeitlang bei einem kühlen Bier vor dem Wohnmobil - so macht die Urlaubsreise Freude!

Nun heißt es Abschied zu nehmen vom Matsalu Nationalpark. Die Reise geht weiter Richtung **Haapsalu**, der größten Stadt in Läänemaa. Und diese ist es wieder wert, etwas Zeit einzuplanen.

Die 31 endet mitten in der Stadt. So ist es sinnvoll, zunächst die Stellplatzalternativen aufzuzeigen, um Ihnen die Parkplatzsuche zu ersparen, darunter auch zwei Parkplätze ohne Ausstattung.

ANSCHLUS INSELROUTE 2 (MUHU-SAAREMAA-HIIUMAA)

Sofern Sie nun die Inselroute 2 anschließen, empfiehlt sich die Rückfahrt nach Virtsu, sofern Sie die Route 2 nicht in umgekehrter Richtung fahren möchten. Natürlich könnten Sie auch in Hiiumaa beginnen und die Inseln von Norden her bereisen. In diesem Fall geht es nun zunächst nach Haapsalu,. Dort biegen Sie dann links auf die 9 ab und reihen sich in die Fährschlange im nahen Haufen Rohuküla ein, um die etwa 1 1/2 h dauernde Überfahrt zu erleben.

Ebenso könnten Sie natürlich die Inselroute vorziehen und den Matsalu Nationalpark anschließend von Norden her aufrollen (wie ich es bei der Recherche auch getan hatte). Egal wie - sofern Sie beides erleben möchten, müssen Sie halt einen Umweg in Kauf nehmen.

HAAPSALU - PIKSEKE

Stellplatzart: .... Campingplatz
GPS: N58 55 41.7 E23 32 12.2
Adresse: .... Haapsalu, Männiku tee 32
Tel.: .... +372 5192 2291
mailto: .... contact@campingpikseke.com
Homepage: .... www.campingpikseke.com
Zufahrtinfo: Von der 31 kurz nach Ortseingang links ab ausgeschildert.
Kurzbeschreibung: Etwas abseits der Straße gelegen, schöne Stellplätze auf Rasen, von Hecken umgeben und mit Schatten spendendem Baumbestand. Spielplatz, Ver-/Entsorgung, WiFi. Preis 2014: € 15,00 inkl. 2 Pers/Tg., Strom € 3,00/T. Sauna und Waschmaschine gegen Extragebühr. Etwa 15 Min Fußweg in die Stadt.

ROUTE 1

HAAPSALU - BADESTRAND

Stellplatzart: .... Parkplatz
GPS: N58 57 14.9 E23 31 16.8
Adresse: .... Haapsalu, Lahe tee
Zufahrtinfo: Von der 31 zunächst geradeaus über die 9 hinweg, durch Posti und Karja tee, bis links die Saue tee abzweigt. Dieser folgen, später schräg rechts halten und bis kurz vor der abknickenden Vorfahrt.
Kurzbeschreibung: Asphaltierter Parkplatz am Badestrand/Liegewiese, Picknickbänke, an der Liegewiese Umkleidekabinen (Bild unten links).
Weiterer Parkplatz: Bei der **Ordensburg** - **GPS** N58 56 44.9 E23 32 22.3 an der Vaba tee, die rechts von der Posti tee abzweigt.

HAAPSALU - JAHTA (JACHTHAFEN)

Stellplatzart: .... Parkplatz/Restaurant
GPS: N58 57 28.0 E23 31 39.6
Adresse: .... Haapsalu, Holmi 14
Tel.: .... +372 473 7460
mailto: .... info@jahta.ee
Homepage: .... www.jahta.ee
Zufahrtinfo: Vom Strandparkplatz der abknickenden Vorfahrt nach rechts folgen, über die Brücke und dann gleich links ab, dann die Ausschilderung zum Jachthafen durch die Holmi kallas beachten (nächste wieder rechts ab).
Kurzbeschreibung: Teils asphaltierter, teils geschotterter Parkplatz, der auch die Ausstattung für Wohnmobile bietet: 10 Stellplätze mit Stromanschluss, weitere sollen hinzukommen. Ver-/Entsorgung. Kosten/Nacht (2014) pauschal € 15,00. Restaurant. Kurzer Fußweg zum Fra Mare Thalasso SPA, in die Altstadt (ca. 15 Min.). Bild unten rechts.

ROUTE 1

Sehenswertes in Haapsalu (Hapsal)

Nun haben Sie den Stellplatz Ihrer Wahl hoffentlich gut gefunden und können sich der Besichtigung des Kurortes widmen, das für seine flache Badebucht bekannt ist, ebenso aber auch für Badeanstalten, die ihrerseits den heilenden Schlamm für ihre Anwendungen nutzen. Dominiert wird die Stadt, wie auch das Bild auf der vorigen Seite unten zeigt, von der Ruine der alten Ordensburg.

DIE WEISSE FRAU DER ORDENSBURG VON HAAPSALU

Was hat es mit der weißen Frau auf sich? An anderer Stelle zitiere ich den früheren Leiter des Schlossmuseums in Kuressaare (auf Saaremaa), der meinte, man solle doch fantastischen Erzählungen und Sagen viel mehr Gewicht geben und nicht immer alles in trockenen wissenschaftlichen oder geschichtlichen Fakten erklären. Die Geschichte hier muss die Menschen im Mittelalter wirklich beeindruckt haben: Der Domherr von Haapsalu soll eine Geliebte gehabt haben. Diese wurde als Domsingknabe in die Burg geschmuggelt. Es kam, was kommen musste - der Schwindel flog auf. Das Ende des Liedes: Der Domherr landete im Verlies und die Geliebte wurde lebendig eingemauert. Seither erscheint immer zum Vollmond im August ihr Geist in Form eines weißen, geheimnisvollen Lichtscheins in Frauenform im mittleren Seitenfenster der Kirche.

Wer auf solches nicht steht, mag sich mit den staubtrockenen Fakten zufrieden geben. Immer zum Vollmond im August nämlich passt die Position des Mondes und er wirft durch eines der Fenster einen Lichtstrahl. Und dieser sieht aus, wie eine geheimnisvolle Figur.

Die Stadt war 1279 im Schutz der Burg gegründet worden. Kurz zuvor entstand auch die Burg, zunächst bestehend aus dem Konventshaus und der Domkirche. Über die Jahrhunderte wurde die Burg mehrfach erweitert und gilt als eine der besterhaltenen mittelalterlichen Burgen. Gegen Ende des 16. Jahrhunderts wurde die große Burg erbaut, deren Wehrmauer 803 m Länge misst. Der Livländische Krieg, später der Nordische Krieg mit der Besatzung durch das Zarenreich führten zur teilweisen Zerstörung. Seither diente die Burg nicht mehr als Festung. So gestaltete man das Areal im 19. Jh. zu einem Park um und errichtete eine Bühne. Auf ihr fand 1896 das erste Sängerfest Läänemaas statt. Zum historischen Ensemble gehört auch die Domkirche, die übrigens die größte ihrer Art in den baltischen Ländern ist.

In der kleinen Burg befindet sich heute ein Museum, das Fundstücke aus der Burg und der Stadt zeigt und im Obergeschoss das Thema der Alchemie aufgreift. **Öffnungszeiten/Info:** Im Sommer tgl. 10[00]-18[00] h, www.haapsalulinnus.ee). Der Schlosshof ist von 7[00]-21[00] h zugänglich. Er dient auch für kulturelle Veranstaltungen, darunter die Festspiele zu Ehren der weißen Frau. Die Außenanlagen bieten auch einen Ritterspielplatz für die kleinen Burgbesucher.

Besonders sehenswert ist auch die Domkirche, die bereits 1260 fertiggestellt war und den Bauvorschriften des Zisterzienserordens entspricht, also ein schlichtes Inneres aufweist und keinen Turm hat. Das Gotteshaus erreicht man durch das Schlossmuseum, ebenso wie die schöne Taufkapelle aus dem 14. Jh..

ROUTE 1

Bilder: Sommernachmittag vor der Burg ▪ Im Burghof ▪ Gemütliche Stadt ▪ Im Kuursaal ▪ In der Taufkapelle ▪ An der Kurpromenade.

Die gemütlich anmutende Altstadt fällt mit vielen schönen Holzhäusern auf. Dazu gehört das Haus der Großeltern von Ilon Wikland, die wir alle aus den Büchern von Astrid Lindgren kennen - sie hatte die Bücher illustriert (z. B. die Kinder von Bullerbü).

Haapsalu ist auch eine Stadt für Kunst und Kultur. Mehrere Galerien und Museen widmen sich diesem Thema. Ich aber kümmere mich zwei Themen, die Sie vermutlich alle interessieren: Der Einkehr und dem Spaziergang an der herrlichen Kurpromenade. Bei keinem Besuch in Haapsalu sollte dies fehlen. Werfen Sie einen Blick in den prächtig renovierten Kuursaal - Sie werden zumindest Kaffee und Kuchen kaum widerstehen können, wenn Sie gemütlich an einem Tisch mit Seeblick sitzen und es sich in der Kuratmosphäre von vor 100 Jahren einfach gut gehen lassen.

Am Fuß der Burg finden Sie nette **Restaurants und Cafés**. Besonders schätze ich das Restaurant Hermannuse Maja an der Burgmauer mit einer schönen Freiterrasse und estnischer Küche

Bekannt war Haapsalu früher auch durch die Herstellung von Spitzentüchern, Schals und kleinen Hauben, wie sie die Damen aus gehobenen Kreisen damals gerne trugen. Hier und da finden auch Sie sicher ein schönes Stück zu kaufen.

Nicht zuletzt hat Haapsalu für Eisenbahnfreunde ein Prunkstück zu bieten. Das **Estnische Eisenbahnmuseum** (A9/Raudtee tänav 2) sollten Sie nicht verpassen. Die Bahnstrecke ist längst stillgelegt. Sie war Teil der Strecke St. Petersburg-Paldiski. Der 213 m lange Bahnsteig am prächtigen, hölzernen Bahnhof von 1902 des Architekten Karl Werheim ist eine Augenweide, ebenso wie die Lokomotiven im Freigelände. Darunter sind Dampfloks wie die 52 3368, eine „Reichskriegslok" aus Reichsbahnbeständen, die noch lange bei der sowjetischen Bahn Dienst tat. **Öffnungszeiten/ Info**: Mi-So 10⁰⁰-18⁰⁰ h, Teil. +372 473 4574, www.jaam.ee.

Muhu - Saaremaa - Hiiumaa

Die Inselwelt vor Estlands Westküste ist ein herrliches Reiseziel, das zu den Höhepunkten einer jeden Reise durch Estland gehört. Deshalb haben die Inseln eine eigene Route dieses Buches verdient. Einst waren die Eilande von Schweden beherrscht, woher auch die alten Namen Ösel (Saaremaa), Dagö (Hiiumaa) und Moon (Muhu) herrühren. Saaremaa ist (nach Gotland) die zweitgrößte Insel in der Ostsee und bildet aufgrund des vergleichsweise milden Klimas eine echte Besonderheit. Lassen Sie sich von der eigenständigen Natur und Kultur der Inseln überraschen. Wenn Sie alle drei Inseln bereisen möchten, sollten Sie wenigstens eine Woche Zeit dafür reservieren.

FÄHRVERBINDUNG AUF UND ZWISCHEN DEN INSELN

Ich empfehle dringend, für die Anreise auf die Inseln keinen Freitag Nachmittag oder Abend zu wählen (oder vor Feiertagen). Dann hätten Sie eine lange Wartezeit einzuplanen. Sollte Ihre Anreise auf diesen Termin fallen, empfehle ich, den Besuch des Matsalu Nationalparks vorzuziehen und den Fährtermin auf den Montag zu legen. Dann kommt die Blechlawine entgegen und Sie können ziemlich ungehindert auf die Fähre rollen. Über die Fahrpläne informieren Sie sich am besten frühzeitig und nehmen nötigenfalls eine Reservierung in Anspruch. Fahrpläne und -preise entnehmen Sie am besten aktuell der Homepage der Fährgesellschaft AS Saaremaa Laevakompanii (www.tuulelaevad.ee). Ihr Ticket können Sie online buchen und erhalten die Buchungsbestätigung auf Ihr Handy übermittelt, wenn Sie möchten. Kalkulieren Sie auch ein, dass in der Vor- und Nachsaison die Verbindung von Saaremaa nach Hiiumaa stark ausgedünnt wird. Es verkehren dann nicht alle Fähren. Im Winterfahrplan verkehrt die Fähre zwischen Triigi und Sõru nur zwei Mal täglich am Mo/Mi/Fr/So (keine Verbindung am Di/Do/Sa!). Bild unten: Gero Spoerer. Preisindikationen für Wohnmobile mit 2 Erwachsenen (Stand 2014): Virtsu-Koivastu € 10,90, Triigi-Sõru €16,20, Heltermaa-Rohuküla € 12,00.

Bild: Gero Spoerer

Die Fähre startet in Virtsu und legt nach einer guten halben Stunde in Kuivasto auf Muhu wieder an. Kaum läuft der Motor des Wohnmobils wieder, steht auch schon die Entscheidung an, was es zu besuchen gilt. Leider hat Muhu etwas darunter zu leiden, dass viele Gäste die Insel gleich hinter sich lassen, um nach Saaremaa zu gelangen. Doch ganz zu Unrecht! Nehmen Sie sich etwas Zeit.

Die Insel Muhu (Moon)

Mit 198 km² ist Muhu die kleinste der drei großen Inseln, die ich bereise. Dennoch bietet sie eine große Vielfalt, ganz ähnlich sogar, wie die viel größere Insel Saaremaa. Die beiden Inseln sind über einen Damm miteinander verbunden. So nimmt man auf der Fahrt kaum wahr, wenn man Saaremaa erreicht.

Muhu ist geprägt von verschlafenen Dörfern, malerischen Häusern mit Reetdächern und einer vielseitigen Flora und Fauna. Dazu gehören Elche und natürlich zahlreiche Vögel. Für die Landschaft typische Bockwindmühlen sind zu finden, eine der ältesten Kirchen Estlands steht in Liiva. Und das interessante Freilichtmuseum wartet in Koguva auf seine Besucher.

ROUTE 2

Vielleicht ist es bei Ihrer Ankunft schon Abend? Dann ist der erste gepflegte Campingplatz sicher von Interesse. Er findet sich 1,5 km vom Fährhafen **Kuivastu** entfernt an der Hauptstrecke 10.

Wer noch etwas Energie übrig hat, oder wenn der Tag noch jung ist, folgt mir gleich zu einer der erwähnten Hauptsehenswürdigkeiten der Insel. Die 10 führt zügig über die Insel, wo ich mich gut 10 km weiter in **Liiva** wiederfinde. Der Ort, ziemlich in der Mitte der Insel gelegen, bietet zwei Restaurants, das eine verbunden mit einem weiteren Campingplatz. Werfen Sie unbedingt einen Blick in die sehenswerte Kirche **St. Katharina**. Das frühgotische Gotteshaus, das als Wehrkirche konzipiert war, wurde im Jahr 1267 zum ersten Mal erwähnt.

Teile von Wandmalereien aus dem 14. Jahrhundert sind erhalten, zudem eine der ältesten Kanzeln und in die Wand eingelassene Grabplatten mit heidnischen Motiven. Von außen sieht die Kirche von der Giebelseite her besonders interessant aus (Bild vorige Seite).

Nebenan bietet sich die Gelegenheit zur Einkehr und zum Einkauf. Wer mag, kann neben der Kirche den Campingplatz Aki aufsuchen. Dieser liegt ruhig hinter dem Haus und ist preisgünstig. Ein rustikales Restaurant im traditionellen Baustil ist sicher nicht zu verachten.

Auf der Weiterfahrt dauert es nur wenige Minuten, bis die 148 schräg rechts abzweigt. Hier wird schon mit der Ausschilderung angezeigt, was mein nächstes Ziel ist. Das Freilichtmuseum Koguva ist ein lohnendes Besichtigungsziel, das sich sowohl mit schönen Radtouren, Wanderungen als auch der Einkehr in einem weiteren Blockhaus-Restaurant verbinden lässt. Die historische Bausubstanz ist hier lückenlos erhalten geblieben. Dazu gehört eine Bockwindmühle und am Hafen Koguva ein kleines Fischereimuseum und eine weitere Gaststätte. Überzeugt?

KUIVASTU - JAANI TALU

Stellplatzart: Campingplatz
GPS: N58 34 33,8 E23 22 34.6
Adresse: Kuivastu
Tel.: +372 52 53 497 (Raul) oder +372 556 32 974 (Tiia)
mailto: kuivastujaani@gmail.com
Homepage: www.kuivastujaani.ee
Zufahrtinfo: Vom Fährhafen nach Abzweigung Pavilosta ausgeschildert.
Kurzbeschreibung: Schön angelegter Platz mit Baumbestand/Schatten, Picknickhütten, WC/Du, Entsorgungsstation für 2015 vorgesehen. WiFi.
Öffungszeiten: Mai bis September.
Sonstiges: Der Platz wurde Stück für Stück neu angelegt. Weitere Verbesserung ist geplant - ein guter erster Anlaufpunkt auf der Insel.

LIIVA - AKI KÕRTS

Stellplatzart: Campingplatz/Restaurant
GPS: N58 36 16.4 E23 13 31.3
Adresse: Liiva, am Ortsausgang an der 10
Tel.: +372 514 8211
mailto: aki@muhusaar.ee
Homepage: www.muhusaar.ee
Zufahrtinfo: Auf der 10 durch den Ort fahren, nach der Katharinenkirche links ab ausgeschildert (kurz vor Ortsausfahrt).
Kurzbeschreibung: Campingareal mit Rasenflächen, Hecken und Bäumen schön gestaltet. Zwar einfach ausgestattet, aber gemütlich und direkt bei der Hauptsehenswürdigkeit, der Kirche St. Katharina, gelegen. Nebenan auch das Restaurant Aki Kõrts. Günstiger Preis (Stand 2014): €10,00 inkl. Strom/2 Pers. **Öffnungszeiten**: Mai-September.
Sonstiges: Besonders sehenswert im Frühling zur Obstblüte, denn der Platz liegt auf einem alten Obstgartengelände.

MUHU - MUSEUM MUHU

Stellplatzart: Parkplatz
GPS: N58 35 43.5 E23 04 58.4
Adresse: Koguva
Tel.: +372 454 8872
mailto: muuseum@muhumuuseum.ee
Homepage: www.muhumuuseum.ee
Zufahrtinfo: Fahren Sie weiter auf der Straße bis zur Landspitze, auf der das alte Bauerndorf und das Museum ausgeschildert sind.
Kurzbeschreibung: Geschotterter Parkplatz vor dem Museum, Buswartehäuschen, Toilette, Picknickstelle. Auf dem Parkplatz die einmalige Übernachtung geduldet, wie mir die Verwaltung des Museums versicherte. Jedoch sollten Sie unbedingt vorher beim Museum anfragen.

KOGUVA - VANATOA

Stellplatzart: Restaurant und Campingplatz
GPS: N58 35 47.4 E23 05 05.2
Adresse: Koguva
Tel.: +372 5558 7494
mailto: info@vanatoa.ee
Homepage: www.vanatoa.ee
Zufahrtinfo: Kurz vor dem Parkplatz des Museums rechts.
Kurzbeschreibung: Das Restaurant im traditionellen Gebäude ist gemütlich eingerichtet. Die Campingfläche ist eine einfache Wiese.

ROUTE 2

Das Muhu Museum

Beim lohnenden Besuch des Freilichtmuseums an der Westküste der Insel Muhu wird in einem Ensemble alter, traditioneller Häuser mit den hier üblichen Nebengebäuden ein Eindruck vermittelt, wie das Leben im Fischerdorf und in der Landwirtschaft verlief. Das Museum existiert bereits seit 1991, jedoch werden die Gebäude teils auch noch als Wohnhäuser genutzt.

Besonders sehenswert sind das Schulgebäude und die Textilausstellung im Hauptgebäude. Sie entdecken dort traditionelle estnische Trachten.

Interessant sind lustig anmutende Geschichten , die zu erfahren sind. So hatten Bräute bei ihrer Hochzeit den Gästen etwas Gestricktes zu schenken. Eine Braut habe da schon mal ordentlich zu tun gehabt, besuchten doch immerhin 180 Gäste das Fest. Besonders gefiel mir und meiner Familie die Geschichte, wonach Strickstrümpfe der Damen an den Waden so aufgefüttert wurden, dass diese recht kräftig wirkten. Schließlich sollte - zumindest aus damaliger Sicht - eine Frau doch stark sein, damit sie den Anforderungen des harten Lebens gewachsen sein möge.

Unweit des Museums und des Parkplatzes werden Sie eine traditionelle Bockwindmühle entdecken. Diese ist seit einigen Jahren zu besichtigen und stellt ein Beispiel der ansonsten in Skandinavien gängigen Mühlen dar. **Öffnungszeiten/Info:** Juni-Mitte Sept. 10^{00}-18^{00} h. Tel +372 454 8872, muuseum@muhumuuseum.ee, www.saaremaamuuseum.ee.

ROUTE 2

Das Dorf Koguva an der Westküste der Insel Muhu ist ein hervorragendes Beispiel für die estnische Bauernarchitektur. Dieses Dorf mit relativ gut erhaltenen Gebäuden, das in einer einzigartigen Landschaft gelegen ist, hat eine etwas außergewöhnliche Geschichte.

Es ist in Estland vor allem als Geburtsort des Schriftstellers Juhan Smuul bekannt. Koguva wurde bereits zu Lebzeiten des Schriftstellers zu einem beliebten Reiseziel. Die erste Ausstellung wurde im Elternhaus von Smuul gleich nach dem Tod des Schriftstellers 1971 eröffnet. Seitdem Jahr 1990 trägt das Museum den Namen „Das Museum Muhu".

Das Fischereimuseum Koguva

Im Hafen Koguva wurde 2012 ein sehenswertes Fischereimuseum eröffnet. Die Ausstellungsstücke wurden aus Häusern in Koguva zusammengetragen. Den größten Anteil daran hat der Hof Tõnise, dessen Inhaber sich der Verstaatlichung des Hofes verweigert hatte. Der Besitzer hielt seine Türen verschlossen, um zu vermeiden, dass sein Eigentum in den Kolchos eingebracht würde.

In der urigen Atmosphäre des Reuseschuppens kann man im Hafencafé einkehren und dort auch traditionelle Gerichte probieren. **Öffnungszeiten/Info:** Juni-August täglich ohne feste Öffnungszeit, Tel. +372 513 3446.

Den Hafen finden Sie gleich in der Nachbarschaft zum Koguva Museum, wenn Sie dem Sträßchen neben dem Parkplatz geradeaus folgen. Auch dort am Hafen können Sie nachfragen, wenn Sie nach einer Einkehr gerne über Nacht auf dem Parkplatz bleiben möchten und genießen dabei die Nähe zum Meer mit herrlichem Blick übers Wasser (**GPS** N58 35 46.3 E23 04 33.4, www.koguva.ee).

Den Aufenthalt auf der Insel habe ich kurz gehalten. Den alten Gutshof Pädaste können Sie getrost außen vor lassen, es sei denn, Sie möchten in gehobenem Ambiente speisen gehen. Pädaste wurde nach der Wende zum einzigen 5-Sterne-Hotel außerhalb von Tallinn umgebaut. Bei einer früheren Recherche wurde uns bekundet, dass Wohnmobile nicht erwünscht seien. Streng genommen dürfte man mit dem Wohnmobil nicht einmal während des Essens parken - ein Wohnmobilverbotsschild steht am Parkplatz.

Die Insel Saaremaa (Ösel)

Die größte der drei Inseln bietet ein vielseitiges Bild. Ein Höhepunkt ist die mittelalterliche Burg in Kuressaare. Es erwarten Sie Windmühlen, malerische Dörfer mit traditionellen, reetgedeckten Holzhäusern und ein Netz von Anbietern, die Sie mit regionalen Produkten vorwiegend von der Insel verwöhnen.

Das milde Klima und die Bodenbeschaffenheit ergeben eine gute Grundlage für die vielseitige Flora und Fauna. Sobald man die Küstenlinie verlässt, nimmt man kaum noch wahr, dass man sich auf einer Insel befindet. Diese ist ein wichtiger Rastplatz für Zugvögel. Zugleich werden die Wälder von großen Säugetieren bevölkert, darunter Elche und Luchse.

Eine weitere Naturerscheinung sind Meteoritenkrater, die durch einen Meteoriteneinschlag entstanden sind. Nicht zuletzt bietet Saaremaa eine vielfältige Küste. Von Sandstränden, meist aber steinigen Abschnitten bis zur Steilküste Panga Pank werden Sie alles finden.

So fahre ich also voller Erwartung nach **Saaremaa** und dort gleich rechts ab nach **Orissaare**. Ich folge dem Schild „Sadam“ rechts ab und steuere den Wagen zum Jachthafen, wo Wohnmobile willkommen und die Kneipe urgemütlich sind.

Im Ort finden Sie ein stattliches Schloss, das vor wenigen Jahren noch restauriert wurde, sowie Einkaufsmöglichkeiten. Doch möchte ich schon jetzt darauf hinweisen, dass auf Saaremaa ein Netzwerk von Anbietern regionaler Produkte aufgebaut wurde, sodass niemand Hunger leiden muss.

ORISSAARE - SADAM/KALDA KOHVIK

Stellplatzart: Restaurant
GPS: N58 33 45.1 E23 05 28.0
Adresse: Orissaare, jahisadam
Tel.: +372 52 96 639
mailto: andrekuntsel@hot.ee
Zufahrtinfo: Sobald der Damm von Muhu nach Saaremaa hinter Ihnen liegt, rechts ab Richtung Orissaare. Im Ort dem Schild sadam folgen.
Kurzbeschreibung: Geschotterter Parkplatz neben dem Jachthafen und Restaurant. Du/WC auf Anfrage, auch Wasserversorgung. In der Hafenkneipe können Sie gemütlich einkehren und frischen Fisch genießen. Da auch die Jachten Strom benötigen, können Sie auf Anfrage (und gegen Bezahlung) auch einen Stromanschluss erhalten.
Sonstiges: Andre Kuntsel spricht fließend deutsch und betreibt das Restaurant nebenberuflich. Rufen Sie also am besten vorher an. Andre freut sich immer, wenn er seine (ohnehin schon guten) Deutschkenntnisse noch weiter verfeinern kann.

Von Orissaare sind es nur wenige Kilometer zur nächsten eindrucksvollen Sehenswürdigkeit. Auf einem kleinen Hügel an der herrlichen Uferlinie im Nordosten Saaremaas ließen die Livländischen Ordensritter von Einheimischen in Zwangsarbeit die **Burg Maasilinn** errichten, weil diese sich auf die Seite des Feindes geschlagen hatten. Seit 1576, als die Dänen die Festung sprengen ließen, sind nur noch Ruinen übrig.

Doch wurden diese gesichert und durch ein Schutzdach vor Witterungseinflüssen geschützt. So ist es noch heute möglich, die eindrucksvollen Tonnengewölbe des Untergeschosses und ansehnliche Mauerreste zu besichtigen.

Am Fuß der Burg liegt ein schön angelegter Badestrand, der an warmen Sommertagen zum Verweilen einlädt. Jenseits der Meerenge sieht man die Küste der Insel Muhu nahe Koguva.

ORISSAARE - MAASILINN

Stellplatzart: Parkplatz
GPS: N58 34 32.5 E23 02 09.8
Adresse: Maasi
Zufahrtinfo: Von Orissaare Richtung Leisi fahren (Straße 129). Die Burg ist rechts ab ausgeschildert.
Kurzbeschreibung: Parkplatz am Fuß der Ruine am sehr schönen, flachen Ufer des Meeres. Mülltonnen, Liegewiese, Bademöglichkeit. Am Parkplatz Souvenirs und Kiosk.

Benachbart steht ein Gästehaus, in dem man auf Vorbestellung ein Frühstück erhalten kann. Angeboten werden dort auch Gästezimmer angeboten (Bild unten: Aussicht von der Burgruine).
Sonstiges: Kein Campingverhalten, da öffentlicher Parkplatz.

ROUTE 2

Entlang der Nordküste der Insel haben Sie die Auswahl zwischen mehreren Stellplätzen aller Kategorien auf kleinem Raum. Dazu gehören schon 9 km weiter nordwestlich ein Campingplatz eines privaten Betreibers in Jaani oder, ein kleines Stück weiter, der kleine Fischerhafen **Rannaküla**.

JAANI - LAHE PUHKEKÜLA

Stellplatzart: Campingplatz
GPS: N58 36 51.0 E22 54 45.1
Adresse: Orissaare, an der Strecke nach Leisi (129)
Tel.: +372 53 090 303
mailto: lahepuhkus@gmail.com
Homepage: www.lahepuhkus.ee
Zufahrtinfo: An der Straße 129 etwa 12 km nach Orissaare an der Straße links ab ausgeschildert. Vorsicht! Zufahrtstor ca. 3 m Höhe.
Kurzbeschreibung: Schattenloser Rasenplatz mit Meerblick, Bademöglichkeit, jedoch kein Sandstrand. Picknickstellen, Strom, Du/WC. Preis (2014): € 15,00 pauschal je Wohnmobil. **Öffnungszeiten**: Mai-Oktober.

RANNAKÜLA - SADAM

Stellplatzart: Parkplatz/Rastplatz
GPS: N58 37 15.9 E22 51 52.1
Adresse: Rannaküla
Zufahrtinfo: Auf der 129 weiter Richtung Leisi (etwa 2,5 km nach der Zufahrt zum Lahe Puhkeküla. Zufahrt ab der 129 etwa 1 km schmale Schotterstraße.
Kurzbeschreibung: Schotterplatz am kleinen Fischerhafen des Weilers Rannaküla. Picknick-/Grillstelle, Mülltonne, Trockentoilette. Zum Baden kaum geeignet, da ein Schilfgürtel vor dem Parkplatz liegt (Bild unten).
Sonstiges: Das Dorf zeichnet sich durch schöne Fischerhäuser aus, meist reetgedeckt. Sie geben ein idyllisches Bild ab.

Wenige Kilometer weiter entlang der Küste erwartet mich ein Platz, der mich derart überrascht hat, dass ich ihn gleich zwei Mal für eine Übernachtung ausgesucht habe. Nicht nur der herrliche Strand überzeugte mich, obwohl es zum Baden im September schon zu spät war. Im Sommer wird an schönen Tagen ein Kiosk mit kleinen Snacks betrieben, es gibt eine Zeltwiese, einen Parkplatz an der Straße und einen Wohnmobil-/Caravanplatz mit Stromanschluss - ein richtig schöner Platz zum Verweilen! Und als ich abends so dasaß, war ich völlig überrascht, dass hier in der (fast) Wildnis sogar Internet-Empfang gegeben ist.

Gleich gebe ich Ihnen den Hinweis, dass Sie sich diesen Platz merken können, wenn Sie die Insel später Richtung Hiiumaa verlassen. Es ist nicht weit zum Fährhafen Triigi, sodass man dort die Fährverbindung am Morgen gut erreichen, zuvor aber auch diese schöne Übernachtungsmöglichkeit nutzen kann.

JÕISTE - SUPELRAND

Stellplatzart: Rastplatz/Parkplatz
GPS: N58 35 57.8 E22 46 23.6
Adresse: Jõiste, an der 129
Homepage: www.supelrand.ee
Zufahrtinfo: 7,5 km ab der Einmündung Rannaküla rechts ab als Bade- und Zeltplatz ausgeschildert.
Kurzbeschreibung: Schotterplatz beim Kiosk mit Stromanschluss, Picknick-/Grillstellen, Beachvolleyballfeld, Trockentoilette, WiFi, Badesteg. Und - man glaubt es kaum - für die Übernachtung werden Sie auf der Infotafel gebeten, für die Nutzung des Campingbereichs und für den Stromanschluss sowie für die Nutzung einer Feuerstelle je € 1,00 zu bezahlen. Bei solch einem Angebot macht man das doch gern, oder?

ROUTE 2

Erneut liegen nur gut 9 km Fahrt vor Ihnen, bis die nächste größere Ortschaft erreicht wird, **Leisi**. Dort finden Sie ein schönes Restaurant, das Ihnen nach der Einkehr auch gerne die Möglichkeit gibt, auf dem zugehörigen Parkplatz eine Nacht neben dem schönen Gebäude zu stehen - ideal, wenn man sich nach dem Essen ein gemütliches Bierchen genehmigen möchte. Die Tourist Information ist im gleichen Haus untergebracht.

Auch dieser Platz eignet sich gut als Station vor der Weiterfahrt mit der Fähre nach Hiiumaa. Es sind nur wenige Minuten zum Fährhafen **Triigi**. In Leisi finden Sie zudem einen Supermarkt, um Ihre Vorräte aufzufüllen. Am südlichen Ortsausgang Richtung Angla sollten Sie die schöne orthodoxe Kirche beachten. Auf dieser Strecke gelangen Sie später von Kuressaare/Angla kommend nochmals nach Leisi, wenn der Besuch auf Saaremaa dem Ende entgegen geht.

P LEISI - SASSIMAJA

Stellplatzart: .... Restaurant
GPS: N58 34 19.9 E22 40 57.5
Adresse: .... Leisi, Mustjala mnt 2
Tel.: .... +372 457 3070
mailto: .... sassimaja@gmail.com
Homepage: .... www.sassimaja.wix.com/koduleht
Zufahrtinfo: Auf der 129 weiterfahren nach Leisi. Dort in der Ortsmitte rechts. Der Parkplatz befindet sich in Fahrtrichtung nach der Gaststätte.
Kurzbeschreibung: Geschotterter Parkplatz neben der Ortsdurchfahrt. Restaurant mit regionaler Küche, gemütliche Gaststube, Außenterrasse.
Sonstiges: Übernachtung auf dem Parkplatz nur nach vorheriger Anfrage in Verbindung mit der Einkehr.

METSKÜLA - TUHKANA (RMK)

Stellplatzart: .... Rastplatz
GPS: N58 35 30.5 E22 30 26.4
Adresse: .... Metsküla, nördlich der 129
Zufahrtinfo: Auf kleiner Nebenstrecke kurz nach Metsküla rechts abbiegen (ausgeschildert ist der Badeplatz nach 1,2 km).
Kurzbeschreibung: Geschotterter Parkplatz im hellen Kiefernwald. Etwa 10 Min Fußweg, teils auf Holzbohlen, bis zum 500 m breiten Sandstrand. Im Waldgebiet kommen auch Naturfreunde auf ihre Kosten (Waldweg führt entlang des Moorsees, jedoch nicht um den See herum; Pilz- und Beerensammeln ist möglich). Trockentoilette, Müllcontainer, Picknickstelle.

ROUTE 2

Zunächst setze ich die Reise entlang der Nordküste der Insel fort und folge der 129 in westlicher Richtung. Kurz nach Metsküla weist ein Schild rechts zu einem der schönsten Strände der Insel Saaremaa. Dort besteht auch die Möglichkeit, durch das Moorgebiet zu wandern und einen schönen Rastplatz der Forstverwaltung (RMK) zu nutzen (Bilder und Beschreibung oben).

Abstecher zu drei markanten Landspitzen

Ein paar Kilometer weiter zweigt rechts die Zufahrt zur Steilküste **Panga Pank** ab. Nach wenigen Metern macht mich das Schild „Sinepi maja" neugierig. Hier hat der Deutsche Andreas Wittke nach Rezepten aus Saaremaa - vor wenigen Jahren begonnen, Senfmischungen herzustellen, die Sie probieren sollten. In den Sommermonaten können Sie im Zelt vor dem Sommerhaus die würzigen Senfvariationen probieren und natürlich auch kaufen.

PAHAPILLI - MUSTJALA MUSTARD OÜ

Stellplatzart: Parkplatz (privat)
GPS: N58 33 49.1 E22 23 38.3
Adresse: Pahapilli küla
Tel.: +372 5398 1133
mailto: info@mustjala-mustard.com
Homepage: www.mustjala-mustard.com
Zufahrtinfo: Von der 129 rechts abbiegen, dann nach 250 m rechts.
Kurzbeschreibung: Kleiner Parkplatz am Fahrbahnrand, nebenan im Zelt Verkauf der hausgemachten Senfspezialitäten nach estnischer Rezeptur. Auf Anfrage kann man nach dem Einkauf auch übernachten.

PANGA - PANGA PANK

Stellplatzart: Parkplatz
GPS: N58 34 10.5 E22 17 24.6
Adresse: Panga Pank, an der Landspitze
Zufahrtinfo: Von der Senfmanufaktur folgen Sie der problemlosen Schotterstraße, bis nach knapp 5 km die asphaltierte Zufahrt zur Landspitze erreicht wird (ausgeschildert).
Kurzbeschreibung: Großer, nur leicht schräger Parkplatz neben dem Landschaftsschutzgebiet der markanten Landspitze.
Sonstiges: Neben dem Zugang zur Landspitze Souvenirstände, bei denen Handwerksarbeiten zu kaufen sind. An der Zufahrt findet sich ein Gästehaus mit einem kleinen Restaurant und Campingplatz. Wie mir mehrfach bestätigt wurde, wird die Öffnungszeit „sehr flexibel gehandhabt".

Das nächste Zwischenziel ist die markante, steil aus dem Meer herausragende Landspitze Panga Pank, die eine eindrucksvolle Aussicht und zugleich Wandermöglichkeiten bietet. Ein geräumiger Parkplatz lädt zum Bleiben auch über Nacht ein.

Entlang der Steilküste Panga Pank

Die aus Sedimentschichten bestehende Landspitze ragt 21 m aus der Ostsee. Seit 1959 steht das Gebiet unter Naturschutz. Vom Parkplatz führt ein bequemer Fußweg entlang der Abbruchkante, dem ich etwa eine Stunde lang folgte und die Aussicht über die Küdema Bucht genoss, bis der Tag sich dem Ende entgegen neigte und die beginnende Dunkelheit mich zur Umkehr zwang (Bild).

Auf der Landseite erstreckt sich ein schöner, Schatten spendender Wald. Jenseits der Meeresbucht erkennt man die Landzunge bei Tagaranna, die mein nächstes Ausflugsziel sein wird.

Vom Parkplatz aus sind es 6,5 km bis zur 129 zurück, die bei Võhma erreicht wird und dann in südwestlicher Richtung nach Mustjala führt. Nun empfehle ich Ihnen den Ausflug hinauf zur Landspitze bei Tagaranna, wo Sie ein schöner Parkplatz erwartet,

Zum Gedenkstein für die Estonia-Opfer

Folgt man vom Parkplatz aus dem Fahrweg zur Landspitze Ninase pank, kann man am Gedenkstein für die Opfer der Estonia-Katastrophe innehalten. Auf dem Weg sieht man jenseits der Bucht die Steilküste Panga Pank. Fahrweg, ca. 45 Min hin und zurück.

P TAGARANNA - DORFZENTRUM

Stellplatzart: .... Parkplatz
GPS: N58 32 41.6 E22 13 04.7
Adresse: .... Tagaranna, Ortsmitte
Zufahrtinfo: Von Mustjala auf der Stichstraße 10 km nordwärts.
Kurzbeschreibung: Parkplatz neben dem Hafen ohne weitere Ausstattung. Der Platz ist auch Bushaltestelle. Beachten Sie den Bereich, auf dem Parkverbot gilt und vermeiden Sie das Längsparken über mehrere Parkbuchten hinweg. Kein Camping! Bilder siehe unten.

Bevor ich die dritte Landspitze besuche, habe ich einen Abstecher ins Innere der Insel geplant, denn sie bietet nicht nur eine faszinierende Küstenlandschaft, sondern auch herrliche Wälder, Seen und Sümpfe. Zudem liegen immer wieder schöne Landgüter, Kirchen und Seen entlang der Strecke. Gut 2,2 km südlich von **Mustjala** biege ich rechts auf die 102 ab, die am Weiler **Selgase** vorbeiführt. Nach 6 km nehme ich die (zunächst geschotterte) 116 und biege ein Stück südlich erneut nach links in die 117 ein. Sie führt zum schönen **Karu järv**, einem See im Herzen der Insel. Direkt am See haben Sie die Möglichkeit, sich zum Badestopp auf einem Campingplatz einzunisten. Und wer die herrlichen Rastplätze des RMK schätzen gelernt hat, kann Zeuge für die Rückeroberung einer Sowjet-Kaserne durch die Natur werden.

KARUJÄRVES HOLDAY-VILLA

Stellplatzart: .... Campingplatz
GPS: N58 22 41.0 E22 13 53.4
Adresse: .... Paiküla Kärla
Tel.: .... +372 454 2181
mailto: .... Jyri.kuusk.002@mail.ee
Homepage: .... www.karujarve.ee
Zufahrtinfo: Von der 102 nach Süden ausgeschildert auf die 116, später links auf die 117.
Kurzbeschreibung: Wiesengelände mit Stellplätzen für Caravans/Wohnmobile, Stromanschluss, Preis pauschal € 13,00 (2014) zzgl. Dusche € 2,00. Als Besonderheit sind Paddelboottouren im Angebot (Bootsvermietung). Kleiner Laden (Snacks, Basisangebot) und Frühstück auf Bestellung. Sehr schöner Badestrand.

Öffnungszeiten: Mai-August.
Sonstiges: Kurz vor dem Platz rechts eine Zufahrt zum See, die für Tagesgäste interessant ist, die nur kurz bleiben (**GPS** N58 23 11.4 E22 13 40.5).

KIHELKONNA - DEJEVO TELKIMISTA (RMK)

Stellplatzart: .... Rastplatz
GPS: N58 24 27.5 E22 11 17.4
Adresse: .... Kihelkonna, etwas abseits der 117
Zufahrtinfo: Etwa 0,5 km nördlich des als Alternative zum Campingplatz beschriebenen Seezugangs rechts abbiegen. Ein Holzschild des RMK mit Zeltsymbol weist auf die gut befahrbare Schotterstraße rechs ab.
Kurzbeschreibung: Neu angelegter, ebener Schotterparkplatz mit drei überdachten Picknick-/Grillstellen und Trockentoilette (Bild unten).
Sonstiges: Der Platz liegt auf einem früheren Kasernen- und Truppenübungsgelände der Roten Armee, das renaturiert wurde. Ein Netz früherer Zufahrten zu den Bunkern und Hangars gibt heute die Gelegenheit für ausgedehnte Spaziergänge. Pfade mit einer Länge von 2/5/10 km Länge sind ausgeschildert. Diese sind auch mit Fahrrädern nutzbar.

Wenn Sie vom Abstecher zum Karu järve zur 102 zurückgefahren sind, geht die Reise in westlicher Richtung weiter. Das historische **Hofgut Pidula** mõis wurde von einem Finnen gekauft und wird nun Stück für Stück restauriert. Doch scheint dies auch ein wenig ein Fass ohne Boden zu werden - allzu viel ist während der Sowjetzeit zerstört oder heruntergewirtschaftet worden. Das heutige Gästehaus war seinerzeit die Kommandozentrale der Kaserne, die Nebengebäude auch unter militärischer Verwaltung. Doch fragen Sie nach - ein gepflegtes Gasthaus erwartet gerne Gäste zum Essen mit traditionellen Gerichten.

P 🍴 PIDULA - PIDULA MÕIS

Stellplatzart: .... Restaurant/Gästehaus
GPS: N58 25 11.7 E22 09 08.1
Adresse: .... Pidula, Pidula mõis
Tel.: .... +372 523 3283
mailto: .... pidula@pidula.eu
Homepage: .... www.pidula.eu
Zufahrtinfo: An der 102, etwa 1,5 km nach Abzweigung der 116/Karu järve.
Kurzbeschreibung: Geschotterter Parkplatz neben dem Gutshof. Restaurantbetrieb im Juli/August, außerhalb der Hauptsaison auf Anfrage.
Sonstiges: Übernachtung auf dem Parkplatz in Verbindung mit Einkehr ist möglich. Unbedingt sollten Sie einen Spaziergang im schönen Park des Guts Pidula einplanen (Bild unten Restaurant, dahinter der Park).

Aller guten Dinge sind drei: Die nächste Landspitze nennt sich **Undva nina**. Trotz Steilküste bringen es die Höhenzüge nicht auf viele Höhenmeter. Trotzdem bietet sich eine ausgesprochen gute Aussicht auf die recht zerklüftete Küstenlandschaft. Unschwer zu erkennen sind nach wie vor die Hinterlassenschaften der Roten Armee, die auf der exponierten Landspitze einen Militärposten unterhielt. Die Aussicht vom Wohnmobil aus verbessert sich noch weiter, wenn man sich den Spaß gönnt und den Wagen auf die erhöhte Geschützstellung steuert (bitte aber keine Experimente mit größeren Wohnmobilen!). Doch ist es auch ohne diesen Spaß ausgesprochen schön und vor allem ruhig hier.

Auf einem Fahrweg kann man von diesem Platz zu Fuß (oder mit dem Mountain Bike) der Küstenlinie folgen. Ich habe mir hier aber eine kleine Auszeit gegönnt und einfach die herrliche Szenerie der Wellen und der Seevögel inmitten der Küstenlandschaft genossen. Der Küstenbereich südlich des Standortes gehört übrigens bereits zum Vilsandi Nationalpark, der für seinen Vogelreichtum bekannt und deshalb auch schützenswert ist.

UNDVA NINA

Stellplatzart: .... Parkplatz
GPS: N58 31 00.0 E21 55 02.9
Adresse: .... Undva nina
Zufahrtinfo: Zunächst von Pidula 1,3 km bis zur Abzweigung der 114. Auf diese rechts abbiegen und auf Asphalt bis Veere fahren. Dort ein kleines Stück auf die 78 bis zur Abzweigung der 115, die rechts ab bis zur Landspitze Undva nina führt (Schotterpiste mit einigen Unebenheiten).
Kurzbeschreibung: Geschotterter Parkplatz am Fuß eines hohen Sendemasten auf dem Gelände einer früheren Militäranlage (Bild unten).
Sonstiges: Wer ein Mountain Bike hat, aber auch mit Wanderstiefeln, kann von der Landspitze auf Schotterwegen eine Rundtour von 10 km Länge um die drei Moorseen Aaste järv, Tiigi järv und Aarasoov järv mit dem Aufenthalt verbinden. Ich habe es vorgezogen, die Natur, vor allem die Vogelwelt, vor dem Wohnmobil in der Sonne sitzend zu genießen.

Nachdem die Nordwestspitze der Insel hinter mir liegt, verläuft meine Route nun in südlicher Richtung. Zunächst geht es zur 78 und auf dieser nach **Kihelkonna**, dem Hauptort der Region am Rand des **Vilsandi Nationalparks**. Diesen lasse ich aus, da die Insel Vilsandi, das Herzstück des Nationalparks, nur mit dem Boot erreichbar ist. Doch freue ich mich über einen Parkplatz in Sichtweite zur Kirche mit ihrem roten Spitzturm und nutze die Gelegenheit zum Einkauf frischen, kräftigen Brotes in der Bäckerei „Iluleib“. Bei Bedarf können Sie dort auch im Café einkehren und kleine Gerichte oder prima Kuchen genießen - empfehlenswert!

KIHELKONNA - KIRCHE/ILULEIB

Stellplatzart: .... Parkplatz
GPS: N58 21 32.7 E22 02 08.9
Adresse: .... Kihelkonna
Tel.: .... +372 501 0879 (Malle Lehari)
mailto: .... koduleib@gmail.com
Homepage: .... www.saaremaakoduleib.weebly.com
Zufahrtinfo: Auf der 102 in den Ort, dann rechts ab zur Kirche (Straßenname Kiriku), bei der Kirche links ab zum Parkplatz neben der Straße.
Kurzbeschreibung: Geschotterter Parkplatz mit Blick auf die Kirche.
Sonstiges: Die Bäckerei/das Café liegt kurz vor der Kirche rechts.

DIE KIRCHE ST. MICHAEL IN KIHELKONNA

Das Gotteshaus, dessen ursprüngliches Gebäude im 13. Jh. ohne Turm errichtet wurde, ist eine Besonderheit in Estland. Der Turm wurde erst 600 Jahre später im damaligen Stil der Zeit erbaut. Es bot sich an, den Turm aufgrund seiner beachtlichen Höhe auch als Leuchtturm zu nutzen. Die Kanzel und die Altarwand gelten als die ältesten Estlands. Und der freistehende Glockenturm ist ebenso ein Unikat (Bild unten).

Kurz nach der Ortsausfahrt gelangen Sie rechts ab zum Informationszentrum des Vilsandi Nationalparks. Dort erhalten Sie umfassende Infos und können einen Bootsausflug auf die Insel buchen (Loona mõis/Restaurant) - **GPS** N58 19 59.3 E22 01 19.0).

Einige Kilometer weiter südlich gelange ich nach **Lümanda**. Und dort habe ich für Freunde der traditionellen estnischen Küche ein besonderes Schmankerl. Bei jedem Besuch auf Saaremaa gehört ein Besuch in der rustikal eingerichteten Gaststätte Söögimaja praktisch zum Pflichtprogramm, zumal es stets problemlos war, auf die Frage nach der Übernachtung vor der Gaststätte ein freundliches Nicken zu erhalten.

LÜMANDA - SÖÖGIMAJA

Stellplatzart: Gaststätte
GPS: N58 17 20.7 E22 01 30.4
Adresse: Lümanda, an der 102
Tel.: +372 503 3019
Homepage: www.soogimaja.planet.ee
Zufahrtinfo: An der Ortsdurchfahrt vor der Kirche links die Einfahrt.

Kurzbeschreibung: Urgemütlicher Gastraum, Parkplatz vor dem Gebäude innerhalb der Einfriedung aus Natursteinen, die nach Feierabend verschlossen wird. Zusätzliche Toilette im Außengelände. Daher unbedingt vorher nachfragen, wenn nach der Einkehr die Übernachtung vorgesehen ist. **Öffnungszeit:** Hauptsaison (Juni-August) und auf Anfrage (Bild unten).

KIPI - KIPI KOVIN RETKEILYKESKUS

Stellplatzart: Gaststätte
GPS: N58 14 47.9 E22 01 52.7
Adresse: Kipi, neben der 102
Tel.: +372 457 6433
mailto: info@kipikoovi.ee
Homepage: www.kipikoovi.ee
Zufahrtinfo: Auf der 102 von Lümanda nach Kovi, dort links der Straße.
Kurzbeschreibung: Geschotterter Parkplatz vor dem Restaurant. Hier wenig Parkraum, bei Übernachtungswunsch unbedingt nachfragen.

ROUTE 2

Sollten Sie mit der Einkehr in Lümanda kein Glück haben (es wissen ja noch mehr Leute, dass es sich hier gut genießen lässt), brauchen Sie sich nicht zu grämen. Die nächste Alternative habe ich gleich angehängt. Die Besitzer gaben mir zudem den Tipp für einen Platz am Meer - ein Traumplatz in der Natur, ideal für alle, die gerne Plätze abseits geschlossener Ortschaften nutzen. Und wer Campingplätze bevorzugt, wird südlich davon fündig

P WC KOTLANDI - PIHLARAND

Stellplatzart: Rastplatz (RMK)
GPS: N58 13 10.2 E22 02 35.8
Adresse: Kotlandi, abseits der 102
Zufahrtinfo: Von Kipi 3,5 km auf der 102 in südlicher Richtung fahren. Bei einem Haus/ Bushaltestelle Tõnuma ist der Platz rechts ab als Badestelle ausgeschildert.
Kurzbeschreibung: Große Wiese (Zufahrt Schotterstraße) mit Picknickstelle, herrliche Sicht auf die Ostsee (Bild).

RIKSU - MUHA PUHKETALU

Stellplatzart: Campingplatz
GPS: N58 11 50.3 E22 03 27.5
Adresse: Riksu, Muha
Tel.: +372 509 2035
mailto: muhatalu@gmail.com
Homepage: www.muhatalu.ee
Zufahrtinfo: Weiter auf der 102 in südlicher Richtung (rechts ab ausgeschildert). Zufahrt wiederum über eine Schotterstraße.
Kurzbeschreibung: Große Campingwiese, schön angelegt bei einem sehenswerten Gehöft im traditionellen Baustil. Stromanschluss, Ver-/ Entsorgung, Du/WC. 200 m Fußweg zum Strand.
Öffnungszeiten: Mai-August (Bild unten).

ROUTE 2

Abstecher auf die Halbinsel Sõrve (Sworbe)

Haben Sie Zeit und Lust, einen Abstecher um die Halbinsel Sõrve zu machen? Landschaftlich ist es eine lohnende Tour, aber auch eine Fahrstrecke von rund 80 km. Machen Sie den Ausflug, sollten Sie ein bis zwei Tage dafür investieren. Ansonsten treffen wir uns am Campingplatz Tehumardi wieder.

Folgen Sie dem Küstenverlauf, auch wenn man auf der Westseite der Halbinsel teilweise noch auf - allerdings durchweg gut befahrbaren - Schotterstraßen fährt.

Ich lasse die Abzweigung der 102 nach **Tehumardi** links liegen und folge der am Ostseeufer entlang führenden 108, nicht ohne hier und da einen Halt einzulegen, um die Landschaft zu genießen. Von links mündet die 103 ein, auf der ich weiter südwärts fahre.

Gut 3,5 km weiter südlich können Sie, in Sichtweite einer Backsteinruine auf dem Hügel rechts, zumindest mit einem kleinen, robusten Fahrzeug mit Bodenfreiheit, auf eine Schleife der früheren Streckenführung abzweigen. Mit größeren Fahrzeugen rate ich ab. Sie sollten dann den Wagen am Straßenrand abstellen (hier ist kein dichter Verkehr) und sich etwas die Füße vertreten. Zu schön ist dieser Küstenabschnitt in Höhe der Bucht Lõu laht, um vorbeizufahren. Es ist eindrucksvoll, die Seevögel zu beobachten und über die Bucht zu blicken (Bilder unten - **GPS** N58 06 38.2 E22 11. 01.5).

Sie können nun die Halbinsel bei **Rahuste** umfahren (Straße 176). Oder Sie schneiden diesen Umweg ab und bleiben auf der 103, um zum nächsten, imposanten Parkplatz zu fahren. Dieser ist für Alt und Jung gleichermaßen interssant. Vor allem mit Kindern werden Sie sich in **Ohessaare** mit dem Bau eines Steinmännchens befassen. Und seien Sie gewiss - Sie sind nicht die ersten, die das hier tun. Sollten die „Bauarbeiten" sich in die Länge ziehen, können Sie den Parkplatz auch über Nacht nutzen und dann etwas länger den Ausblick genießen.

P OHESSAARE - STEINMÄNNCHEN

Stellplatzart: .... Parkplatz
GPS: N57 59 23.2 E22 01 08.2
Adresse: .... Ohessaare, an der 103
Zufahrtinfo: Auf der 103 bleiben, bis der Parkplatz rechts der Straße nicht zu übersehen ist. Die Steinmännchen scheinen Ihnen schon von der Straße her förmlich zuzuwinken.
Kurzbeschreibung: Geschotterte, ebene Parkfläche an einem aufgeworfenen Schotterhügel, den die Eiszeitgletscher wohl als Grundmoräne hier vergessen hatten (großes Bild oben).

Mein nächstes Zwischenziel ist in mehrfacher Hinsicht ein Höhepunkt der Reise um die Halbinsel Sõrve. Besonders in historischer Hinsicht ist der äußerste Landzipfel von Bedeutung. Aber auch im wörtlichen Sinne ist es ein Höhepunkt - einer der stattlichsten Leuchttürme Estlands reckt seine Spitze hier gen Himmel, um den Seefahrern eine Orientierung zu geben. Und mit etwas Wetterglück sehen Sie in der Ferne Kap Kolka in Lettland.

SÄÄRE - SÕRVE SÄÄR

Stellplatzart: .... Parkplatz
GPS: N57 54 41.2 E22 03 21.5
Adresse: .... Sääre, Sõrve säär
Tel.: .... (Tourist Information/Museum) +372 5884 8000
mailto: .... sorve.keskus@gmail.com
Homepage: .... www.sorvekeskus.ee
Zufahrtinfo: Bis an die Landspitze fahren, dort rechts ab bis zum Restaurant. Gegenüber liegt der Parkplatz.
Kurzbeschreibung: Geschotterter Parkplatz kurz vor dem äußersten Landzipfel in Sichtweite des Leuchtturms/gegenüber das Restaurant Sääre Paargu (offen ca. Mai bis Mitte September). Dort sieht man natürlich gerne, wenn man auch ein paar Euro ausgibt und den Parkplatz nicht nur als kostenlose Stellplatzmöglichkeit nutzt.

SÕRVE SÄÄR - SÕRVE KÜLASTUSKESKUS NATUR, SAGEN UND GESCHICHTE

Der Landzipfel zieht sich weit in die Irbenstraße hinein, wo einige kleine Inselchen liegen, die der Sage nach entstanden sind, als Suur Tõll den Teufel vertrieb, indem er ihm große Steine hinterherwarf...

Auf der Nehrung aus Geröll, an deren Ufern es auch ein paar sandige Passagen gibt, können Sie weit hinaus wandern und zuschauen, wie die Wellen aus dem Rigaer Meerbusen und der Ostsee aufeinander treffen. Baden ist angesichts der Strömungsverhältnisse zu gefährlich. Dafür finden Sie schließlich auch mehr als genügend andere, schöne Plätze.

Im II. Weltkrieg flogen hier Geschosse kreuz und quer - und bedeuteten für die letzten deutschen Truppen auf baltischem Boden die endgültige Niederlage gegen die Rote Armee. Tausende Tote waren zu beklagen. Den Opfern beider Seiten ist je ein Gedenkstein an der Abzweigung der Straße zum Leuchtturm gelegt worden. Ein bedrückendes Gefühl angesichts der Opferzahlen stellt sich fast zwangsläufig ein. Dies gilt auch, wenn man sieht, wie die Rote Armee in den Jahrzehnten nach dem Krieg die Halbinsel zur weit ins Meer hinausreichenden Festung weiter ausgebaut hat. Sie können das Museum über den Militärstützpunkt besuchen, der nicht nur die Zeit der Roten Armee beleuchtet, sondern auch die schrecklichen Kämpfe im Oktober 1944 (Bild unten links).

Eine weitaus leichtere Kost ist die Besichtigung der Ausstellung beim Leuchtturm. Das Informationszentrum liegt im Gebäude an dessen Fuß. Auf drei Etagen wird Interessantes zur Seefahrt vermittelt. Besonders sehenswert ist die Präsentation aller estnischen Leuchttürme (Bild rechts).

ROUTE 2

Die östliche Küste der Halbinsel ist weitaus weniger spektakulär. Die Fahrt verläuft überwiegend an sanften Uferzonen entlang, sehr häufig aber auch durch den Wald. Daher gibt es weniger ausgesprochen schöne Plätze, als auf der Westseite. Wie es während meiner Recherche aussah, wird beim Hafen **Mõntu** an der südlichen Spitze von Saaremaa ein Campingplatz entstehen. Zumindest nahm das Ganze schon recht konkrete Formen an - nur anzutreffen war absolut niemand. Damit Sie nicht suchen müssen: **GPS** N57 56 57.9 E22 07 11.7. Konkrete Angaben zu Serviceleistungen und Preisen sind bis Redaktionsschluss noch nicht zu haben.

So fahre ich weiter zum Campingplatz in **Tehumardi**. Der großzügig angelegte Platz wurde von vielen Lesern meines früheren Buches positiv eingeschätzt. Ich kann mich dem anschließen. Vom Umfeld her ist er mir angenehmer, als sein Pendant in Kuressaare. Aber das ist subjektiv. Zudem liegt dazwischen ein weiterer Platz. Alle drei sind gute Ausgangsstationen für den Besuch im sehenswerten Kuressaare (Arensburg), der Hauptstadt der Insel.

TEHUMARDI - PUHKEKESKUS

Stellplatzart: .... Campingplatz
GPS: N58 10 48.2 E22 15 10.4
Adresse: .... Tehumardi, Salme vald
Tel.: .... +372 5105 150
mailto: .... info@tehumardi.ee
Homepage: .... www.tehumardi.ee
Zufahrtinfo: Auf der 77 Richtung Kuressaare, kurz nach Einmündung der 102 links ab ausgeschildert.
Kurzbeschreibung: Großzügiges Gelände mit sonnigen, aber auch schattigen Plätzen. Badesee, Spielplatz, Ver-/Entsorgung vorbildlich mit Bodenablauf und räumlich getrennter Frischwasserversorgung. Etwa 10 Min. Fußweg zum Sandstrand durch den Kiefernwald. Preis je Wohnmobil € 16,00 inkl. 2 Pers. **Öffnungszeiten**: Mai bis Mitte Oktober.

MÄNDJALA CAMPING

Stellplatzart: .... Campingplatz
GPS: N58 13 04.7 E22 19 53.6
Adresse: .... Mändjala, an der 77
Tel.: .... +372 502 9706
mailto: .... info@mandjala.ee
Homepage: .... www.mandjala.ee
Zufahrtinfo: Auf der 77 Richtung Kuressaare (10 km vor der Stadt).
Kurzbeschreibung: Im Kiefernwald gelegener Platz mit Stellplätzen für Caravans/Wohnmobile auf einem dafür ausgewiesenen Parkplatz am Strand mit Stromanschluss. Eigener Sandstrand, Restaurant, Sauna.

Bevor Sie nach Kuressaare gelangen, bietet es sich an, noch auf die an der Strecke liegenden Badestrände hinzuweisen. An der Straße liegen mehrere Parkplätze, die mir aber kaum übernachtungstauglich erscheinen. 2 km vor dem vorgenannten Campingplatz liegt auf der vom Meer abgewandten Straße ein Picknickstelle nebst Parkplatz (**GPS** N58 12 14.5 E22 17 37.9). Sie wollten noch die Gelegenheit nutzen, bei einer Fischräucherei einzukaufen? Dann fahren Sie in **Nasva** rechts ab Richtung Hafen. Nach wenigen Metern finden Sie auf der rechten Seite Gelegenheit dazu bei Tiina Mai. Die Fischerfamilie räuchert ihren täglichen Fang selbst. Hier kaufen Sie aus erster Hand. Wenn gerade kein Fisch mehr da ist (... ich musste lernen: Wer zu spät kommt, den straft das Leben), erhalten Sie auch Eingemachtes aus dem Obstgarten (Marmelade usw.). Kontakt: Tiina Mai, Tel. +372 526 5511, Sadama 2, Nasva).

Nun steht die Inselhauptstadt **Kuressaare** (Arensburg) auf dem Programm. Der Stadt und der wohl besterhaltenen Ordensburg sollten Sie etwas Zeit widmen, wozu gute Stellplatztipps sinnvoll sind.

KURESSAARE - SAAREMAA SPA HOTELLS

Stellplatzart: .... Wohnmobil-Stellplatz
GPS: N58 14 52.7 E22 28 24.5
Adresse: .... Kuressaare, Pargi tee
Tel.: .... +372 4522 100
mailto: .... meri.admin@saaremaaspahotels.eu
Homepage: .... www.sanatoorium.ee
Zufahrtinfo: Auf der 77 in die Stadt fahren, dann rechts der Straße.
Kurzbeschreibung: Asphaltierter Parkplatz bei der Hotelanlage mit Sicht auf die Ordensburg. Preis 2014: € 18,00 inkl. Strom/WiFi. **Öffnungszeiten**: Mai-Dezember. Kurzer Fußweg in die Stadt und zur Burg.
Freie Stellplatzalternative: Fährt man um die Burg herum durch die Straße Lossi und weiter in die Kalda puiestee, liegt der Parkplatz links. Keine weitere Ausstattung. **GPS** N58 14 40.0 E22 28 55.4. Kurzer Fußweg durch die Parkanlage an den Wassergräben, dann über die Brücke.

Restaurant Arensburg und dahinter die orthodoxe Nikolaikirche

Zentraler Platz Kohtu

Ausstellung zur Okkupation

Altarbild der Burgkirche

Die imposante Ordensburg

ROUTE 2

Sehenswertes in Kuressaare (Arensburg)

Die Hauptsehenswürdigkeit in Kuressaare ist die Bischofsburg. Sie ist zugleich eine der bedeutendsten Baudenkmäler Estlands, denn sie befindet sich in einem hervorragenden Zustand. Der Schwertbrüderorden eroberte 1227 die Insel und erhob sie zum Teil des Bistums Ösel-Wiek. Erbaut wurde die Burg im 14. Jh. Urkundlich erwähnt wurde die Festung erstmals 1384. Im Lauf der Jahrhunderte erfolgten einige Um- und Anbauten. Doch im Wesentlichen ist sie im Originalzustand erhalten, denn zerstört oder erobert wurde sie nie grundlegend. Die Anlage wechselte mehrfach die Eigentümer und war mal dänisch, mal schwedisch oder russisch. Und lange Zeit war Kuressaare unter deutsch-baltischer Verwaltung. Deshalb verwendete man vor der sowjetischen Zeit auch die deutschen und estnischen Namen gleichberechtigt nebeneinander. In der UdSSR war dies verboten.

Für die Besucher besonders interessant ist das Konventsgebäude, das einst das Verwaltungszentrum der Insel war. Der Innenhof, das Refektorium, die Wachtürme, besonders aber der „Pikk Hermann" (Langer Hermann) und die mächtigen Außenmauern nebst Wassergräben sowie die gut erhaltenen Bastionen ergeben ein eindrucksvolles Bild.

Heute beherbergt die Festung das historische Museum der „Ösel´schen Museumsgesellschaft", in dem historische Dokumente und Ausstellungsstücke zusammengestellt wurden. Ein wichtiges Thema ist auch die Besatzung durch deutsche und sowjetische Truppen, unter denen die Bevölkerung zu leiden hatte.

Öffnungszeiten/Info: In der Sommersaison (April-September) täglich 11[00]-18[00] h, ansonsten Mo/Di geschlossen.

Sehenswert sind überdies das Rathaus (Tallinna 2). Dort finden Sie auch die Tourist Information (Tel. +372 453 3120). Das ehemalige Feuerwehrdepot liegt gleich nebenan (Tallinna 4). Die Laurentiuskirche (Tallinna 13) und die apostolische orthodoxe Nikolaikirche (Lossi 18) sind die wichtigsten Sakralbauten.

Auf Ihrem Weg zur oder von der Burg sollten Sie unbedingt durch den Stadtpark gehen und können dabei das Kurhaus sowie den heiligen Hain der Staatsoberhäupter bewundern, der im Park integriert ist. Vor allem können Sie auf diese Weise die Festung auch von außen anschauen, deren Wassergräben und Bastionen mit den mächtigen Mauern und den beiden Wachtürmen solch einen wehrhaften Eindruck vermitteln, der wohl auch bei Angreifern früherer Tage seine Wirkung nicht verfehlte.

Sie interessieren sich noch für einen gepflegten Einkehrtipp? Auf der Bilderseite sehen Sie die Giebelansicht des Restaurants Arensburg, in dem ich zwar nicht billig, aber sehr gut gespeist habe und die Empfehlung gerne an Sie weitergebe.

Wenn Sie Kuressaare Richtung Nordosten verlassen, können Sie auf dem Soldatenfriedhof innehalten, auf dem Gefallene der Weltkriege beider Seiten, die auf Saaremaa ihr Leben ließen, eine gemeinsame letzte Ruhestätte finden sollen, indem sie hierher verlegt werden.

Die Fahrt führt am Soldatenfriedhof vorbei auf der 10 stadtauswärts in Richtung Leisi. Doch auf dem Weg dorthin gilt es noch einige interessante Zwischenziele anzusteuern.

Kurz nach der Abzweigung der 79 liegt rechts eine weitere Ferienanlage mit einem interessanten Stellplatzangebot für Wohnmobile, der Campingplatz Suure Töllu Puhkeküla. Dazu gehört auch ein Restaurant. Es ist also alles geboten, was wir auf der Wohnmobilreise benötigen.

ROUTE 2

LILBI - SUURE TÖLLU PUHKEKÜLA

Stellplatzart: .... Campingplatz
GPS: N58 17 02.2 E22 32 57.5
Adresse: .... Lilbi, neben der 10
Tel.: .... +372 45 45404
mailto: .... suurtoll@suurtoll.ee
Homepage: .... www.suurtoll.ee
Zufahrtinfo: Auf der 10 zunächst Richtung Muhu/Kuivastu halten. 4 km nach Ortsausgang auf der rechten Seite der Campingplatz.
Kurzbeschreibung: Sehr schön angelegter Platz mit gutem Freizeitangebot (Abenteuerspielplatz, neuer Swimming-Pool, gemütliches Restaurant im Blockhaus, Sauna (gegen Aufpreis). Allerdings ist der Preis für die Übernachtung mit € 20,00 (Stand 2014) recht hoch.

Ist es noch zu früh für eine Bleibe für die Nacht, folgen Sie ein Stück der 10 retour, bis rechts die 79 abzweigt. Auf dieser bleibe ich 5,5 km, um mich mit Lebensmitteln einzudecken. Im **Hofladen Saksa Talupood** in **Kiratsi** (**GPS** N58 19 43.4 E22 33 29.1) erhalten Sie, was für die nächste Vesperpause nötig ist. Fast alles stammt aus der regionalen Landwirtschaft der Insel Saaremaa. Wenn Sie zudem Lust auf ein richtig gutes Speiseeis in selbst gebackener Waffel haben - auch das erhalten Sie dort).

Tagsüber können Sie im **Hofcafé** einkehren und Kaffee und Kuchen oder kleine Gerichte genießen. Es lohnt sich also, den Wagen hierher zu steuern. Leider reicht der Parkplatz nicht für größere Fahrzeuge. Aber wenn ein Kunde freundlich nachfragt, versicherte man mir, dass man gerne auch Gäste im Wohnmobil willkommen heißt.

Anschließend geht die Reise weiter nach Norden. Bald nehme ich die Abzweigung rechts auf die 130. Achten Sie auf die Ausschilderung nach Kaali rechts ab („Kaali metioriit kraater"). Dort finden Sie eines der interessantesten Reiseziele auf Saaremaa: Die **Meteoritenkrater von Kaali** gehören zu den eindrucksvollsten Sehenswürdigkeiten der Insel, ja sogar des Landes. Vor dem Informationszentrum mit einem Mineralienmuseum finden Sie einen Parkplatz. Gegenüber erwartet Sie ein Restaurant.

KAALI - KAALI METEORIITIKA JA PAEKIVIMUUSEUM

Stellplatzart: .... Parkplatz/Restaurant
GPS: N58 22 19.1 E22 40 21.8
Adresse: .... Kaali, Külastuskeskus
Tel.: .... +372 459 1184
mailto: .... kaali@kylastuskeskus.ee
Homepage: .... www.kaali.kylastuskeskus.ee
Zufahrtinfo: von der 79 aus der Ausschilderung folgen.
Kurzbeschreibung: Asphaltierter Parkplatz beim Museum, Restaurant Kaali Kõrts gegenüber, Tel. +372 4591 182, info@kaalitrahter.ee.

DIE METEORITENKRATER VON KAALI

Bevor Sie sich zu Fuß zu den gut zugänglichen, großen Meteoritenkratern aufmachen, können Sie das Museum zu dem Naturphänomen besuchen. Dort sind ein paar Reste des beim Flug durch die Atmosphäre nicht vollständig verglühten und dann beim Aufschlag zersplitterten Meteoriten ausgestellt.

Immerhin 96 kg bringt der Brocken „Sikhote-Alin" auf die Waage, der hier liegt. Auch Bruchstücke anderer ihrer Art aus Russland sind zu sehen, ebenso wie eine interessante geologische Sammlung. Ein Film über den Meteoriten von Kaali kann angeschaut werden, der zusätzliche Informationen über die Entstehung der 9 unterschiedlich großen Krater vermittelt. Öffnungszeiten /Info: Mai-Sept. tgl. 9^{00}-20^{00} h, Winterhalbjahr jeweils bis 18^{00} h. Eintritt/Erw. € 1,50, ermäßigt € 0,70 (Stand 2014). Kontaktdaten siehe Stellplatzinfo. Im Museum freies WiFi.

Nachdem Sie ein wenig über die Hintergründe informiert sind, machen Sie sich auf den Weg zum etwa 10 Min Fußweg entfernten Krater (gut ausgeschildert), den man auch umwandern kann. Der größte Krater hat immerhin einen Durchmesser von 105 bis 110 m und eine Tiefe von 22 m. Der grünlich schimmernde Kratersee weist, je nach Wasserstand, einen Durchmesser zwischen 30 und 60 Meter auf.

Entstanden ist das Ganze - wissenschaftlich belegt - durch einen Meteoriteneinschlag vor mindestens 4.000 Jahren. Die Masse des größten Brockens soll an die 10.000 t betragen haben. Die kleineren, „nur" 12 bis 40 m messenden Krater sind nur zum Teil zu Fuß erschlossen. Sie rühren von Bruchstücken des Meteoriten her.

Mit der wissenschaftlichen Erklärung dürften Legenden widerlegt sein, wonach der Einschlag die Vergeltung der Mutter Erde für eine Heirat unter Geschwistern gewesen sein soll. Doch scheint diese Erklärung doch irgendwie wichtig. Der frühere Museumsdirektor der Burg in Kuressaare hatte uns einmal erzählt, dass Touristen einprägsame, ans Herz gehende oder grausige Geschichten hören möchten, nicht immer nur staubtrockene, wissenschaftlich erwiesene Fakten.

Von Kaali geht es nun über die 130 auf die 79 zurück, auf der ich nordwärts zunächst bis Karja brause. Auch dort möchte ich nicht vergessen, Sie auf eine Bäckerei hinzuweisen, die nicht umsonst einige Gastronomiebetriebe mit dem typisch dunklen, kräftigen Brot beliefert. Fehlt in Ihren Vorräten also noch ein Laib Brot (der sich übrigens bestens aufbewahren lässt), biegen Sie links zur **Karja Pagariäri** ab und decken sich im kleinen Laden mit dem Nötigen ein (**GPS** N58 30 43.8 E22 42 02.1, Ranna tee).

Noch ein kleines Stück weiter nördlich werden Sie links der Straße die Flügel mehrerer Windmühlen entdecken - das Mühlenmuseum von Angla ist erreicht. Die Parkplatzsituation ist entspannt, wenn Sie nicht gerade an schönen Sommerwochenenden zur belebtesten Nachmittagszeit ankommen. Dann könnte es schon mal etwas eng werden. Ansonsten steht Ihr Reisemobil gut auf dem Parkplatz vor dem Restaurant, das ich übrigens empfehlen kann. Sie erhalten einfache, gute und bodenständige Gerichte zu überraschend günstigen Preisen auf den Teller.

ROUTE 2

ANGLA - TUULIKUMÄGI

Stellplatzart: .... Parkplatz/Museum
GPS: N58 31 32.3 E22 42 02.3
Adresse: .... Angla, an der 79
Tel.: .... +372 519 90265
mailto: .... angla@kylastuskeskus.ee
Homepage: .... www.anglatuulik.eu
Zufahrtinfo: Auf der 79 nordwärts fahren. Die Mühlen liegen unübersehbar links der Straße.
Kurzbeschreibung: Gepflasterter Parkplatz vor dem empfehlenswerten Restaurant (Parkplatz und Restaurant siehe Bild unten im Hintergrund).

DIE MÜHLEN VON ANGLA

Seit langer Zeit stehen fünf intakte Windmühlen auf dem Hügel, der beste Windverhältnisse bietet, um die Kraft des Windes auf die Mühlräder zu übertragen. Eine der Mühlen wird noch für die Müllerei genutzt. Das Museum zeigt alte Gerätschaften damit man sich eine Vorstellung von der Mühe machen kann, die mit der Arbeit in der Landwirtschaft verbunden war. Auch andere Handwerkszweige werden hier noch gezeigt.

Produkte aus den Schauwerkstätten, darunter einer Bäckerei, können Sie kaufen oder im Restaurant genießen. Mich davon zu überzeugen, war leicht, denn es ging auf den Abend zu und mein Magen knurrte. Das Essen war prima und ich hätte auf Nachfrage auch auf dem Parkplatz nächtigen können. Doch ich wollte - bei jetzt wieder richtig gutem Wetter - den schönen Stellplatz am Meer (Supelrand) nochmals aufsuchen, bevor es anderentags mit der Fähre hinüber nach Hiiumaa weitergehen sollte.

Etwas vom Schönsten soll man sich zum Schluss aufbewahren. Das habe auch ich getan. Folgen Sie mir noch auf einen Abstecher zur Kirche von Karja. In Höhe der Windmühlen biege ich von der 79 ab und ziehe nach wenigen Minuten vor der romanischen Kirche den Zündschlüssel - bei beeindruckendem Wetter übrigens. Das Foto stammt von meiner Frau, die sich beim anschließenden Gewitterguss dafür ordentlich nasse Klamotten holte...Die Kirche stammt aus dem 13. Jh. und hat die Jahrhunderte in gutem Zustand überstanden - ein Schatzkästchen erwartet die Besucher.

Nun sind es noch wenige Kilometer nach **Leisi**, wo Sie noch die 1837 erbaute, schon erwähnte orthodoxe Kirche anschauen können. Den Fährhafen Triigi erreichen Sie, wenn Sie auf die 129 Richtung Orissaare abbiegen bald links auf die 144, die zum Fährhafen führt (**Triigi sadam** - **GPS** N58 35 28.7 E22 43 01.8).

Die Insel Hiiumaa (Dagö)

Die Insel wird mit der Fähre von Triigi her nach knapp 1 1/2 Std. Überfahrt erreicht. Wie zu Beginn der Inselroute erwähnt, macht die vorherige Reservierung angesichts der geringen Kapazität der Fähre Sinn. Je nach Ankunftszeit ist es gut zu wissen, dass man nötigenfalls direkt am Hafen auch über Nacht im Wohnmobil stehenbleiben kann. **Und noch ein wichtiger Hinweis:** Beim Ticketkauf an Bord wird nur Barzahlung akzeptiert!

Sie möchten es naturnäher, einen Stellplatz mit Meerblick, dem Rauschen der Ostseewellen und anderntags mit einem schönen Morgenspaziergang verbunden? Kein Problem! Dafür habe ich zwei nette Plätze auf Lager, die mit größeren Fahrzeugen mit Vorbehalt zu nennen sind (überhängende Äste). Mit meinem Wagen (Breite 2,10, Höhe 2,85 m, 6 m Länge) war es kein Problem.

P WC SÕRU - SADAM

Stellplatzart: .... Parkplatz
GPS: N58 41 37.9 E22 31 20.4
Adresse: .... Sõru, Sadam
Zufahrtinfo: Gleich nach Ausfahrt aus dem Fährhafen.
Kurzbeschreibung: Asphaltierter Parkplatz beim Fähranleger. Dort Imbissverkauf tagsüber und gepflegtes, modernes WC.

P SÕRU - LEUCHTTURM

Stellplatzart: .... Parkplatz/Rastplatz (RMK)
GPS: N58 42 14.5 E22 29 10.6
Adresse: .... Sõru, an kleiner Nebenstraße
Zufahrtinfo: Beim Fährhafen ausfahren, dann links ab auf die zunächst noch asphaltierte, später geschotterte Nebenstraße, die nach 2,5 km zu einem Leuchtturm führt. Dort Parkplatz für ein kleines Wohnmobil. Zweiter Platz 650 m weiter - größerer Parkplatz.
Kurzbeschreibung: Kleiner, sandiger Parkplatz unterhalb der Fahrbahn, ohne weitere Ausstattung, aber herrlicher Meerblick. Eine Ruhestörung kann ich vermelden: Eine Rotte Wildschweine pflügte in aller Frühe den Wald um...

ROUTE 2

SÕRU - TOHVRIPATAREID

Stellplatzart: .... Rastplatz (RMK)
GPS: N58 42 34.6 E22 29 06.5
Adresse: .... Tohvri, Badestrand an kleiner Nebenstraße

Zufahrtinfo: Wie Parkplatz zuvor, jedoch 650 m weiter fahren bis zum Parkplatz im Kiefernwald.
Kurzbeschreibung: Geschotterter Parkplatz unter hohen Kiefern. Dennoch ist das Rangieren vor allem mit längeren Fahrzeugen (ca. ab 7 m) schwierig. Schöner Sandstrand, Picknick-/Grillstelle, Umkleidekabine, Mülltonne, Trockentoilette (Bild).

Da weder Sõru (noch die folgenden kleinen Weiler einschließlich Emmaste) nichts Besonderes zu bieten haben (das Besondere ist die Natur rings umher), starte ich und fahre über Sõru zurück. Im Weiler Viiri geht es weiter Richtung Emmaste. Dort biege ich links auf die 84 ein, die durch den schier endlosen Wald führt. Da es an Sehenswürdigkeiten nichts zu vermelden gibt, fahre ich 23,5 km auf der guten Asphaltpiste, um dann links auf einem Schotterfahrweg zum Wanderparkplatz Vanajõe org zu halten.

ROUTE 2

VANAJÕE ORG

Stellplatzart: .... Parkplatz
GPS: N58 53 07.7 E22 26 09.8
Adresse: .... Vanajõe, neben der 84
Zufahrtinfo: Von der 84 aus etwa 300 m auf einer guten Schotterstraße links ab zum Parkplatz fahren.
Kurzbeschreibung: Schöner Wanderparkplatz im hellen Kiefernwald mit überdachter Grill-/Picknickstelle (Holzvorrat ist vorhanden) und Müllcontainer. Der Wanderpfad startet direkt gegenüber. Eine Infotafel informiert über die Besonderheiten des Naturpfades (Bild unten links).

Der Naturpfad Vanajõe org

Vom Wanderparkplatz aus erwartet mich eine zwar kurze, aber lohnende Wanderung entlang der tief in die Dünen eingegrabenen Flussschlingen des Vanajõgi. Sie sollten sich etwa 1 Std. Zeit nehmen, auch wenn die Gehzeit nur halb so lange dauern würde. Der Weg führt teils auf Holzbohlenwegen, Brücken und Treppen, teils auf Naturboden entlang des mäandrierenden Baches.

Die Uni Tallinn versucht hier erfolgreich, den europäischen Nerz wieder heimisch zu machen. Die wildromantische Landschaft ist alleine schon wert, den gut ausgeschilderten Weg mit Infotafeln zu gehen.

Das nächste Zwischenziel ist die Halbinsel, die weit nach Westen hinausragt. Die 84 biegt Richtung Nordosten weg. Auf dem Weg nach Westen erwarten mich dort zwei Leuchttürme nebst Einkehr- und Stellplatzmöglichkeiten. Obendrein fühle ich mich durch die kurze, aber schöne Wanderung zuvor noch nicht ganz ausgelastet (besonders mein Hund nicht). So wird noch eine schöne Wanderung in den Abstecher einbezogen. Und diese geht streckenweise sogar richtig an die Puste, während der Wagen am Straßenrand auf dem Seitenstreifen wartet.

Der Rebastemäe Lehrpfad

Am Start der Tour steht eine Informationstafel, die man studieren kann, bevor eine steile Treppe auf die Düne hinauf führt. Auf dem höchsten Punkt der Halbinsel folgen Sie der blauen Markierung rechts hinüber und wandern zunächst auf und ab und im weiten Bogen nach 1,5 km wieder zur Treppe zurück. Unterwegs informieren acht Infotafeln über die Hintergründe des Dünenwaldes. Eine Aussichtsplattform bietet einen schönen Blick über die hügeligen Küstenwälder. (1,5 km, ca. 30 Min. Gehzeit).

Wenige Kilometer der Weiterfahrt trennen Sie nach Rückkehr von der Abzweigung zum imposanten Leuchtturm Kõpu, der mit seiner gewaltigen Breite sich deutlich von anderen seiner Art abhebt. Dafür ist er der älteste noch benutzte Leuchtturm der Insel. Er stammt ursprünglich aus dem Jahr 1531. Bis ins 19. Jh. wurde er mit Holz befeuert, dann mit Öl. Und erst seit 1940 leuchtet elektrisches Licht den Seefahrern den Weg. Wenn Sie sich die Mühe machen, für geringes Eintrittsgeld im Turm zur Aussichtsplattform zu steigen, erhalten Sie zumindest ansatzweise einen Eindruck, wie mühselig die Schlepperei des Holzes für die Befeuerung einstmals war. Ob die Leuchtturmwärter dabei die Aussicht genießen konnten, wie wir heutzutage? Unten am Parkplatz steht derweil das Wohnmobil vor der Gaststätte, bei der Sie nach der Einkehr (wie immer auf Anfrage) auch nächtigen können.

Fahren Sie noch weiter zur Landspitze hinaus, erwartet Sie ein weiterer Leuchtturm, der ebenfalls eine beeindruckende Aussicht bietet. Einen übernachtungstauglichen Parkplatz nebst einem Café im Leuchtturmwärterhaus finden Sie auch dort in Ristna, wie die Landzunge heißt. Interessant zu wissen ist, dass der aus Stahl gefertigte Turm 1874 aus Frankreich bezogen wurde. Das Leuchtfeuer wurde gebaut, weil der Turm in Kõpu häufig wegen Nebels nicht zu sehen war, denn dieser ist in einem Sumpfgebiet gelegen. Es gibt übrigens ein Sammelticket für die Leuchttürme Kõpu, Ristna und Tahkuna. Fragen Sie nach.

KÕPU - TULETORN

Stellplatzart: Parkplatz
GPS: N58 54 56.8 E22 12 05.2
Adresse: Kõpu, tuletorn
Tel.: + 372 5299 162
mailto: info@tuletornikohvik.ee
Homepage: www.tuletornikohvik.ee
Zufahrtinfo: In Kõpu an der Gabelung schräg rechts hinauf bis zum Parkplatz fahren, der auf der linken Seite am Fuß des Leuchtturms liegt.

Kurzbeschreibung: Asphaltierter Parkplatz beim gemütlichen Café mit schöner Freiterrasse, wo man zugleich das Eintrittsticket für den Leuchtturm löst. WC im Café, WiFi.

In der Poststelle können Sie einen Sonderstempel für die Postkarten erhalten - sofern Sie diese „altmodische“ Methode, Urlaubsgrüße zu senden, noch schätzen (wie ich es tue).

RISTNA - TULETORN

Stellplatzart: .... Parkplatz
GPS: N58 56 26.4 E22 03 23.6
Adresse: .... Ristna, tuletorn
Tel.: .... +372 524 3824
Zufahrtinfo: Von Kõpu weiter zur Landspitze fahren., bis der Leuchtturm mit einem braunen Schild angezeigt wird. Von da an wird die Straße etwas enger und endet auf dem Parkplatz.
Kurzbeschreibung: Parkfläche mit Trockentoilette, kurzer Fußweg zum Leuchtturm mit Café und der Möglichkeit, diesen zu besteigen.
Campingplatz als Alternative: Hält man sich an der Zufahrt links Richtung Kalana, findet sich nahe dem Jachthafen ein Campingplatz. Etwas grotesk: Auf meine Anfrage nach Detailinformationen bekundete man mir seitens der Besitzer, dass man eigentlich genug Gäste habe...

Nachdem ich auf derselben Strecke zurück gefahren bin, halte ich mich auf der 80 Richtung Kärdla. Doch bevor ich dort ankomme, suche ich noch den markanten Leuchtturm **Tahkuna** auf - ein Platz zum Innnehalten: Das Denkmal für die Opfer der Estonia-Katastrophe steht am Fuß des Turmes. Es ist der Ort in Estland, welcher der Unglücksstelle am nächsten liegt. Das Monument mit einer Glocke, die im Sturm läutet, ist besonders den Kindern gewidmet, die bei der nach wie vor nicht aufgeklärten Katastrophe ihr allzu junges Leben verloren hatten. Vom Parkplatz sind es wenige Gehminuten zum stählernen Leuchtturm aus dem Jahr 1875. Die Besteigung des 42,7 m hohen Turmes ist von Mitte Mai bis Mitte September täglich von 10^{00}-19^{00} h möglich (geringe Eintrittsgebühr). Wenn es für Sie zeitlich passt, können Sie hier auch eine Übernachtung einlegen. Sofern Sie einen Campingplatz vorziehen, haben Sie an der Zufahrt die Gelegenheit, den besonders schön gelegenen Randmäe Puhketalu aufzusuchen.

RANDMÄE - CARAVAN & TRAILER PARK

Stellplatzart: .... Campingplatz
GPS: N59 01 51.4 E22 34 46.1
Adresse: .... Randmäe, neben der 113
Tel.: .... +372 5691 3883 oder 5683 3511
mailto: .... info@puhketalu.ee
Homepage: .... www.puhketalu.ee
Zufahrtinfo: Folgen Sie von der 80 der Zufahrt zum Tahkuna Leuchtturm. Der Campingplatz ist dann kurz später links ab ausgeschildert. Vorsicht! Das letzte, kurze Stück der Zufahrt ist ziemlich holperig.
Kurzbeschreibung: 11 ha großes Gelände zwischen Wäldern und dem Sandstrand Mangu rand (Bilder). So lässt sich der Aufenthalt sehr schön mit Spaziergängen am Sandstrand oder auf ausgeschilderten Rundwegen durch die ausgedehnten Wälder mit einer reichen Tierwelt verbinden. Gut ausgestattet (Ver-/Entsorgung, Stromanschluss. WiFi). Preis 2014: € 15,00 pauschal je Mobil. **Öffnungszeiten**: Ganzjährig.

ROUTE 2

Radtour um die Halbinsel Tahkuna

Mit dem Drahtesel können Sie eine Rundfahrt von 30 km auf teils geschotterten, teils asphaltierten Straßen mit wenig Verkehr machen. Sie erreichen den Leuchtturm Tahkuna und das Militärmuseum etwas südlich des Leuchtturms (**Öffnungszeiten/Info:** Mai-Mitte Sept tgl. von 10^{00}-18^{00} h offen (Tel. +372 5347 9819, www.militaarmuuseum.ee). Dann durchqueren Sie das verlassene Kasernengelände der Roten Armee mit Appellplatz, der noch den Roten Stern der Sowjets zeigt, fahren an der Ostküste der Halbinsel nach Süden und können an der 80 den estnischen „Berg der Kreuze" **Ristimägi** (**GPS** N59 00 36.3 E22 38 53.3) besuchen. Auf der 80 radeln Sie zur Abzweigung zum Campingplatz westwärts und zum Campingplatz zurück, wobei Ihnen noch das **Bauernhofmuseum Mihkli talumuuseum** offen steht. Der Hof stammt aus dem 19. Jh. Das Vorgängergebäude hatte Hiiumaa-Schweden gehört. Es zeigt das einfache, oft harte Leben der Landbevölkerung der Insel. **Öffnungszeiten/Info**: Mitte Mai-August tgl. 10^{00}-18^{00} h. (ca. 30 km - 1-2 Std. Fahrzeit).

EIN MYSTISCHER ORT: RISTIMÄGI

Der estnische Berg der Kreuze hebt sich deutlich vom litauischen Pendant bei Šiauliai ab. Die Kreuze hier an der 80 rühren von der Deportation schwedischer Einwohner im August 1781 her. Die Schweden siedelten auf Geheiß der Zarin Katharina der Großen in der Ukraine an. In Ristimägi hielten sie vor der Abreise einen letzten Gottesdienst, bevor sie das Land verlassen mussten, das mehr als 400 Jahre ihre Heimat war. Fortan stellten die Menschen ein Kreuz auf, wenn sie Hiiumaa verließen - auf dass die Reise gut verlaufen möge.

Bald wird über die 80 **Kärdla** erreicht, der Hauptort der Insel. Kärdla blickt auf eine erfolgreiche Industriegeschichte zurück. Es war lange Zeit von einem bedeutenden Textilbetrieb geprägt, der von der Adelsfamilie von Ungern-Sternberg betrieben wurde. Die Familie sorgte damit für Lohn und Brot der Bevölkerung. Deshalb wurde ihr ein Denkmal gesetzt. Das **Museum von Hiiumaa Pikk Maja (Langes Haus)** informiert ausführlich über die industrielle Vergangenheit. Zu dieser Geschichte gehört auch, dass Otto Reinhold Ludwig von Ungern-Sternberg, ein holländischer Kapitän, des Mordes und der Strandräuberei bezichtigt wurde. Dafür büßte er in der Verbannung in Sibirien. **Öffnungszeiten/Info**: Mai-Sept. tgl. 10^{00}-18^{00} h, sonst Mo-Fr bis17^{00} h, Sa/So 11^{00}-16^{00} h. Vabrikuväljak 8, www.muuseum.hiiumaa.ee, **GPS** N59 00 15.0 E22 44 48.5, Bild unten links).

In Kärdla wurde jüngst ein Stellplatz bei der Marina eingerichtet. Der Platz ist besonders schön gelegen, die Ausstattung ist gut. Bis zur Zerstörung Ende 1944 war hier der bedeutendste Handelshafen von Hiiumaa, der zur Tuchfabrik gehörte. Nur ein Lagerhaus, das einst der Lagerung der Wollballen diente,

ROUTE 2

blieb erhalten. Versäumen Sie nicht, das Zentrum von Kärdla zu besuchen, wo Sie im Supermarkt einkaufen können. Auch Einkehrmöglichkeiten finden sich dort, wenngleich ich diese nicht getestet habe. Dienstag bis Samstag wird auf dem zentralen Platz ein Bauernmarkt abgehalten - Gelegenheit, sich mit Frischem von der Insel zu versorgen. Die Tourist Information befindet sich auch am Platz (www.hiiumaa.ee, Tel. +372 462 2234).

Wer mit einem einfacheren Platz vorlieb nimmt, kann auch nach Hiiessaare fahren und am dortigen Hafen sowohl einkehren als auch auf dem Parkplatz über Nacht stehen.

KÄRDLA - MARINA

Stellplatzart: Wohnmobil-Stellplatz
GPS: N59 00 31.9 E22 45 08.8
Adresse: Kärdla, Sadama
Tel.: +372 5328 5218
mailto: sadam@kardla.ee
Homepage: http://marina.kardla.ee
Zufahrtinfo: Vom Museum im Langhaus links abbiegen Richtung Hafen, bei der Polizeistation nochmals links (Bild vorige Seite unten rechts).
Kurzbeschreibung: Gepflasterter Platz direkt beim Jachthafen mit herrlicher Aussicht auf die Ostsee. Strom/Wasserversorgung, WiFi. Anmeldung beim Hafenmeister. Kosten sind nur auf den ersten Blick hoch (Stand 2014): € 20,00, jedoch inkl. Strom, Du/WC und Sauna.

HIIESSAARE - ROOGRAHU SADAM

Stellplatzart: Parkplatz
GPS: N58 59 58.5 E22 49 08.3
Adresse: Hiieessaare, Sadama
Tel.: +372 5306 6615
mailto: info@roograhu.ee
Homepage: www.roograhu.ee
Zufahrtinfo: Weiter auf der 80 Richtung Heltermaa, nach 2 km Ausschilderung Roograhu links ab (3 km weiter auf Asphalt zum Hafen).
Kurzbeschreibung: Geschotterter Parkplatz am Hafen, Restaurant, in dem - neben Pizza & Co. - auch regionale Fleisch- und Fischgerichte gereicht werden. Kosten € 5,00/N inkl. Strom, Sauna Extragebühr € 13,00 (vorher anmelden). Bild unten.

Ist Ihre Urlaubszeit knapp, sausen Sie auf der 80 zum Fährhafen **Heltermaa**, wo Sie auf der etwa 1 1/2 Stunden dauernden Überfahrt aufs Festland übersetzen und dort die Reise auf Route 3 entlang der Nordküste Estlands oder im Matsalu Nationalpark fortsetzen.

Wenn Sie noch etwas Zeit haben, können Sie mir noch auf einen Abstecher in den Südosten der Insel Hiiumaa folgen. Dort besuche ich unter anderem das Stammschloss der schon erwähnten Familie von Ungern-Sternberg, aber auch nochmals herrliche Plätze für Naturfreunde. Zunächst fahre ich nach **Suuremõisa**.

Sie erreichen das stattliche Gutsschloss, früher Großenhof, (Bild oben) nebst sehenswerter Kirche und Friedhof der Adelsfamilie, wenn Sie von der 80 auf die 83 abbiegen, nach kurzer Fahrt. Das Wohnmobil steht vor dem Schloss (**GPS** N58 52 10.7 E22 56 41.3), das heute eine Schule beherbergt, während ich den herrlichen Schlosspark für einen ausgedehnten Spaziergang nutze.

Weiter westwärts führt die Straße 83 parallel einer beeindruckenden Eichenallee. So erreicht man nach gut 10 km **Käina**, wo sich zwei Sehenswürdigkeiten befinden, die es zu besichtigen lohnt. Die Ruine der einst größten Kirche der Insel ist beeindruckend. Das Gotteshaus war 1941 in den Kriegswirren zerstört worden (Parkplatz davor **GPS** N58 49 42.9 E22 46 36.7, Hiiu maantee,). Nach dem Ortsausgang finden Sie das Museum im Geburtshaus des Komponisten Rudolf Tobias (**GPS** N58 49 31.0 E22 45 45.4).

Fährt man retour, gelangt man östlich von Käina rechts ab auf der 123 auf die Insel **Kassari**, mein letztes Ziel der Inselrundfahrt. Genau genommen ist es der Dämme wegen, die sie mit der Hauptinsel verbinden, keine Insel mehr. Dort beschließe ich die Reise über die großen estnischen Inseln. Freuen Sie sich auf herrliche Stellplätze, sei es an einem Hafen, an einem Restaurant oder zwei eindrucksvollen Wanderparkplätzen.

Sie können zudem im ehemaligen Verwaltungshaus des Gutes Kassari ein weiteres Museum, das zum Heimatmuseum Hiiumaa gehört, besichtigen. Zu sehen gibt es dort Ausstellungsstücke aus dem Landleben der Insel sowie zur Seefahrt, darunter ein Rettungsboot der Estonia. Besonders beliebt ist der ausgestopfte Wolf. **Öffnungszeiten/Info**: Mai-Sept. tgl. 10^{00}-18^{00} h (**GPS** N58 47 26.6 E22 49 51.5.

KASSARI - KASSARI PUHKEKESKUS

Stellplatzart: ... Restaurant
GPS: ... N58 47 16.7 E22 49 49.3
Adresse: ... Kassari
Tel.: ... +372 469 7169
mailto: ... info@kassarikeskus.ee
Homepage: ... www.kassarikeskus.ee
Zufahrtinfo: Auf der 123 bis zur Abzweigung Kassari säär, dann gleich links.
Kurzbeschreibung: Asphaltierter Parkplatz unterhalb des Restaurants, in dem Sie schmackhafte Fischgerichte erhalten.
Alternative: **Kassari säär (RMK)** - **GPS** N58 46 11.8 E22 48 56.3 Ruhig gelegener Rastplatz, von dem Sie in einer guten halben Stunde auf schmalem Pfad zum Ende der Lagune wandern können. Bild des Rastplatzes mit Grillstellen und Trockentoilette.

ORJAKU - LINNUVAATLUSTORN

Stellplatzart: ... Parkplatz
GPS: ... N58 47 42.0 E22 46 17.2
Adresse: ... Orjaku
Zufahrtinfo: Ab Abzweigung Kassari säär 4,3 km weiterfahren, dann rechts ab ausgeschildert. Schotterweg zum Parkplatz.
Kurzbeschreibung: Parkplatz beim Leuchtturm. Empfehlenswerter Platz für Vogelbeobachtung von der benachbarten Aussichtsplattform, die einen weiten Blick über die Lagune zwischen den Inseln freigibt. Hier beobachtete ich fasziniert Fischadler bei der Jagd. Picknickstelle/Trockentoilette.

HELTERMAA - SARVE TELKIMISTA (RMK)

Stellplatzart: ... Rastplatz
GPS: ... N58 50 33.4 E23 03 45.2
Adresse: ... Sarve
Zufahrtinfo: Über die 123 und 83 zurück zur 80. Beim Fährhafen rechts ab auf Asphalt, später Schotterstraße, die nach 2,8 km zum Rastplatz führt.
Kurzbeschreibung: Idealer Platz für kleinere Wohnmobile, um die Wartezeit bis zum Ablegen der Fähre ab Heltermaa zu nutzen oder für eine letzte Übernachtung in der Natur. Vorsicht beim Rangieren wegen überhängenden Ästen.
Alternative: Sie können auch den Parkplatz beim **Fähranleger Heltermaa** nutzen (**GPS** N58 51 54.5 E23 02 49.2).

ROUTE 2

Estlands Nordküste

Die Nordküste bietet vielseitige Urlaubsziele. Der Nordwesten war mehr als 1000 Jahre lang von den Küstenschweden besiedelt. Als Minderheit im estnisch-baltischdeutschen Land haben sie ihre Kultur für lange Zeit beibehalten. Im Gebiet nördlich von Haapsalu finden Sie heute sogar wieder zweisprachige Ortsschilder - auf schwedisch und estnisch. Höhepunkt der Nordküste ist natürlich die estnische Hauptstadt Tallin, das ehemalige Reval. Und östlich davon erstreckt sich der wunderschöne Lahemaa Nationalpark mit viel Platz für die unberührte Natur, aber auch imposante Schlössern.

Wer die Inselroute (Route 2) gemacht und dabei die Insel Hiiumaa besucht hat, erreicht das Festland im Hafen von **Rohuküla**, westlich von Haapsalu. Der Ort selbst ist unspektakulär. Aber kaum ist man auf der 9 ostwärts unterwegs, fällt rechts eine Schlossruine auf.- Schloss Ungru (Lindenhof).

DAS SCHLOSS UNGRU (LINDENHOF)

Das Schloss war 1893 im Stil des Neobarock errichtet worden, wurde aber nie fertiggestellt. Vorbild war das Merseburger Schloss in Sachsen, was persönliche Gründe hatte. Der Bauherr Ewald Adam Gustav Paul Constantin von Ungern-Sternberg hatte nicht nur Gefallen am Merseburger Schloss, sondern auch an der dortigen Tochter des Hauses. Sie soll aber erst zur Heirat bereit gewesen sein, als sie das Versprechen erhielt, ein Schloss gleicher Art zu erhalten.

Die Außenmauern und das Dach waren fertig. Doch bewohnen konnte der Bauherr sein Schloss nie. Er verstarb 45-jährig auf einer Reise nach St. Petersburg. Angeblich sollen die Angehörigen ihm aber wenigstens eine Nacht im Schloss gegönnt haben. Der Leichnam wurde eine Nacht dort aufgebahrt.

Bald begann der Verfall. Während der Sowjetzeit wurde der Rohbau dann zum Teil abgerissen, um die Landebahn der nahen Luftwaffenbasis der Roten Armee aufzufüllen und Hangars zu bauen. Die Ruine kann frei besichtigt werden. Es gibt leider keinen Parkplatz, aber am Straßenrand eine Schotterzufahrt für einen kurzen Halt.

Ein Besuch der Militäranlage im Hintergrund der Schlossruine möchte ich nicht empfehlen, es sei denn man wollte eine geführte Tour buchen. Das allerdings ist nur über den Trägerverein der freiwilligen estnischen Bürgerwehr möglich. So entscheide ich mich für die Weiterfahrt nach **Haapsalu**. Die Beschreibung der sehenswerten, alten Kurstadt finden Sie zum Ende der Route 1 dieses Buches.

Für Naturfreunde, die von Virtsu aus die Inselroute mitgemacht haben, empfehle ich zudem von Haapsalu aus den Abstecher in den einmalig schönen **Matsalu Nationalpark** (siehe Seiten 27-36 in Route 1).

Nach den vorgeschlagenen Abstechern starte ich auf der 9 in östlicher Richtung aus Haapsalu heraus. Doch biege ich nach 8 km links ab und wechsle für 5 km auf die 17. Wer mit etwas weniger Urlaubszeit kalkulieren muss, fährt auf dieser Straße etwa 47 km weiter. Unsere Wege werden sich dann in Padise wieder kreuzen.

Ich mache derweil einen Ausflug entlang der Küste. Diese von den Küstenschweden geprägte Landschaft hat es mir angetan. So biege ich nach 5 km erneut links ab auf die 230, um nordwärts zu gelangen. Noch einmal sind etwa 15 km zu fahren, bis die Küste erreicht ist. Nach 4,4 km zweigt die 230 in östlicher Richtung ab. Doch ich entscheide mich für die Fahrt geradeaus. Nun fallen mir die zweisprachigen Ortsschilder auf - die Ortsnamen sind neuerdings stets auf Estnisch und Schwedisch angegeben. Auch die falunroten Häuser mit weißen Fenstern und Eckbalken, natürlich auch die Landschaft, muten in der Tat schwedisch an. Wer an diesem Küstenabschnitt eine gepflegte Campinganlage sucht, wird fündig, ebenso aber auch die Freunde freier Übernachtungsplätze in der Natur. Zwei Plätze bieten wieder herrliche Sandstrände, ein weiterer einen schönen See.

ELBIKU - ROOSTA PUHKEKÜLA

Stellplatzart: Campingplatz
GPS: N59 09 30.9 E23 31 09.9
Adresse: Elbiku, Noarootsi
Tel.: +372 472 5190
mailto: roosta@roosta.ee
Homepage: www.roosta.ee
Zufahrtinfo: An der Abzweigung, an welcher die 230 nach Osten abknickt, geradeaus fahren, bis der dann ausgeschilderte Platz erreicht ist .
Kurzbeschreibung: Weitläufige Ferienanlage im Dünenwald nahe der Ostseeküste. Unterhalb liegt ein schöner, gepflegter Sandstrand (Bild vorige Seite unten). Minigolf und andere Aktivitäten, Spielplatz.
Schwerpunkte der Anlage sind die Vermietung von Ferienhütten und das Restaurant. Aber einige Stellplätze für Wohnmobile sind auch vorhanden (dort Stromanschluss, Ver-/Entsorgung).
Hinweis: Die Straße endet nördlich des Campingplatzes in Dirhami (Derhamn), wobei dort keine sinnvolle Stellplatzmöglichkeit besteht, und das Hafengelände ist mit einer Schranke versperrt.

PERAKÜLA - NÕVA PUHKEALA (RMK)

Stellplatzart: Parkplatz/Zeltplatz
GPS: N59 13 18.2 E23 36 09.1
Adresse: Peraküla, am Strand
Zufahrtinfo: Auf der 230 ab der Abzweigung Roosta 11,5 km, dann links.
Vorsicht! Die Straße ist zunächst zwar gut, aber später ist der Straßenbelag ein vermutlich vor dem Krieg gelegtes Kopfsteinpflaster (bei langsamer Fahrweise problemlos, aber stellenweise arg ramponiert und löchrig). Der Parkplatz direkt hinter den Dünen ist nach 4 km erreicht.
Kurzbeschreibung: Geräumiger Parkplatz mit mehreren Grill-/Picknickstellen, Zugang zum Traumstrand über einen Holzbohlenweg/ Holztreppe. Trockentoiletten, Müllcontainer.

PERAKÜLA - ALLIKAJÄRV LÕKKEKOHT (RMK)

Stellplatzart: Rastplatz
GPS: N59 12 42.8 E23 36 28.8
Adresse: Peraküla am Allikajärve
Zufahrtinfo: Wie voriger Platz, jedoch 600 m vorher links ab auf dem Waldfahrweg fahren. Vorsicht! Auch hier schlechtes Kopfsteinpflaster.
Kurzbeschreibung: Picknick-/Grillstelle im Wald am malerisch zwischen den Dünen gelegenen See.

ROUTE 3

Ich bin selbst kein Angler, viele von diesen halten sich gerade abends hier am Strand auf, um ihr Glück zu versuchen und einen Fisch an den Haken zu bekommen. Sehr angenehm empfand ich, dass man mit den Leuten beim Strandspaziergang einen freundlichen Gruß austauscht und spontan ins Gespräch kommt, während dessen mir mein Gesprächspartner stolz den (allerdings noch recht klein gewachsenen) Fang präsentiert (Bild vorige Seite). Die Spätsommersonne und das Rauschen der Ostseewellen zur Nacht nebst einem atemberaubenden Sonnenuntergang am Meer beschließen den Tag auf herrliche Weise. Erneut bin ich begeisterst über die Qualität der RMK-Plätze.

Anderentags holpere ich zurück zur 230, um die Reise fortzusetzen. Die Straße führt in der abwechslungsreichen Landschaft zunächst in einer weiten Kurve bei **Nõva** nach Südosten und folgt dann mit etwas Abstand der Küstenlinie der Keibu Bucht. Bei den Badestränden von **Keibu** und **Ristinina** bieten sich keine den zuvor beschriebenen Plätzen vergleichbare Stellplatzmöglichkeiten für Wohnmobile.

So entscheide ich mich zur zügigen Weiterfahrt in Richtung **Padise.** Der kleine Ort wird nach wenigen Kilometern auf der 17 erreicht, in welche die 230 einmündet. Und hier gibt es wieder interessante Besichtigungsziele zu entdecken. Die Ruine des aus dem 14. Jahrhundert stammenden Zisterzienserklosters ist sehenswert. Es lohnt sich, den kleinen Kirchturm zu besteigen, auch wenn die Treppen und Pfade durch die Ruine nicht immer sonderlich vertrauenserweckend erscheinen (Bild unten).

Am Fuß der Ruine hat vor wenigen Jahren im restaurierten Gutshof ein Restaurant eröffnet. So können Sie den Aufenthalt mit einem Restaurantbesuch ergänzen, wenn Sie möchten.

PADISE - KLOSTERRUINE

Stellplatzart: .... Parkplatz
GPS: N59 13 34.7 E24 08 39.5
Adresse: .... Padise, Keskus
Tel.: .... (Restaurant im Gutshof Padise) +372 503 5843
mailto: .... info@padisemois.ee
Homepage: .... www.padisemois.ee
Zufahrtinfo: An der Ortsdurchgangsstraße (17) rechts ab ausgeschildert.
Kurzbeschreibung: Parkplatz bei der Klosterruine, Mülleimer, am Rand einer schönen Parkanlage. Kurzer Fußweg zur Ruine und zum Gutshof, in dem heute das Restaurant (Bild unten links) seine Gäste zur Einkehr à la carte erwartet. Vom Restaurant genießen Sie einen schönen Blick auf den Park und den Teich. Der Park rund um das Herrenhaus und das Kloster lädt zu schönen Spaziergängen ein.

Zu besichtigen gibt es in Padise neben der Klosterruine noch Festungsreste aus der Eisenzeit. Diese sind vom Parkplatz her ausgeschildert (Padise linnus). Als die Burg angelegt wurde, war das Meer noch nahe beim Ort und der Hafen konnte vom Burgberg aus gut überwacht werden. Es ist vom Parkplatz aus ein etwa 2 km langer Fußweg, wobei Sie die ersten 1,7 km noch mit dem Wagen bewältigen können. Es gibt dort auch einen weiteren Parkplatz, wobei dieser einfacher von der zweiten Ortszufahrt bei einer Raststätte an der 17 rechts ab erreichbar ist (**GPS** N59 13 18.9 E24 08 38.5).

Nun geht es mit großen Schritten auf die Hauptstadtregion zu. Dies allerdings nicht, ohne noch einen Abstecher an die Küste einzulegen. Knapp 15 km bleibe ich noch auf der 17 und biege dann auf die 18 links ab. Sie führt nach Norden auf die 8 zu, die von Westen her Richtung Tallinn führt. Für 4 km nehme ich die Fernstraße in Richtung Paldiski.

Paldiski, das ehemalige **Baltischport**, ist ein wenig attraktiver Hafenort, der stark von der sowjetischen Militärbasis und den damit verbundenen Plattenbauten geprägt ist. Lediglich die Landspitze mit ihrer steilen Felsküste und dem Leuchtturm

Pakri Neem sind sehenswert (Bild vorige Seite unten rechts). Um dorthin zu gelangen, müssen Sie die noch recht trostlose Stadt und das ehemalige Kasernengelände komplett durchqueren (**Landspitze GPS** N59 23 20.5 E24 02 18.1).

Interessant ist der Ort allerdings für all diejenigen, die eine Verbindung nach Schweden suchen, denn Paldiski bietet heute wieder eine Fährverbindung nach Kapellskär nahe Stockholm (siehe www.dfdsseaways.de).

Meine Route verläuft aber, wie schon erwähnt, nach 4 km wieder weg von der 8. Ich nehme die nach Norden führende 390, um vor dem Besuch im lebhaften Tallinn nochmals ein ruhiges Plätzchen mit Naturbezug zu suchen. So gondle ich knapp 9 km, um mich wieder über einen der schönen RMK-Plätze zu freuen. Hier bleibe ich für eine Nacht, genieße ausgiebig das Strandleben. Natürlich ist die Ruhe an schönen Sommerwochenenden durch die Hauptstadtnähe etwas getrübt, denn zahlreiche Tallinner wissen auch, dass es hier schön ist. Aber es ist ja nicht immer Wochenende.

P ≈ WC **KEILA JÕA - MEREMÕISA TELKIMISALA (RMK)**

Stellplatzart: .... Parkplatz/Zeltplatz
GPS: N59 23 59.7 E24 15 17.8
Adresse: .... Keila Jõa, an der 230
Zufahrtinfo: Von der 8 etwa 9 km nordwärts fahren. Die Straße folgt der Küste nach Osten. Dann ist der Zeltplatz schräg links ab ausgeschildert. An der nächsten Kreuzung hält man sich auf dem recht schmalen Schotterweg links bergab und erreicht die Stellplätze nach etwa 700 m.
Kurzbeschreibung: Weitläufig angelegter Platz mit zahlreichen Picknickstellen im lichten Kiefernwald. Mehrere Parkplätze, auf denen das Wohnmobil problemlos steht. Wenige Schritte zum herrlichen Sandstrand.

ROUTE 3

Nun ist die Hauptstadt Tallinn nicht mehr weit entfernt, wobei unterwegs noch ein paar interessante Punkte auf Sie warten, bei denen sich ein Halt lohnt, um die Aussicht zu genießen.

Etwas östlich des Picknick- und Zeltplatzes an der Küste liegt **Keila Joa**. Dort finden Sie, kurz vor der Ortseinfahrt, links einen (gebührenpflichtigen) Parkplatz (**GPS** N59 23 37.0 E24 17 43.5). Von dort können Sie einen Spaziergang an den Fluss Keila jõgi machen. Natürlich ist ein Fluss dieser Größe kein Ziel, das man besonders erwähnen müsste. Doch hier ist es etwas anderes, schließlich kann man in Estland nicht viele Wasserfälle dieser Ausmaße finden. Das Wasser stürzt über eine immerhin 6 m hohe Felskante in die Tiefe. Ein Teil wird in einen Kanal geleitet, um die Fallhöhe zur Erzeugung elektrischen Stroms zu nutzen. Und auf der anderen Seite des Flusses finden Sie das zurzeit noch in der abschließenden Renovierung befindliche Gutsschloss von Keila Joa aus dem Jahr 1833 (Bilder oben). Es beherbergt eine Kunstsammlung (offen Mo-So 11[00]-17[00] h, www.schlossfall.com). Wer mag, findet (auf der Seite des Schlosses) ein Restaurant, um sich mit Blick auf das Beschriebene zu stärken. Das untenstehende Foto ist vor dem Restaurant aufgenommen.

ROUTE 3

Auch auf der Weiterfahrt nach Tallinn auf der 390 folgt bald ein Aussichtspunkt, an welchem Sie vielleicht ohnehin halten werden, wenn Sie aufmerksamen Blickes entlang der Küste fahren. Die interessante Steilküste bei **Türisalu** (Bild) ermöglicht Ihnen eine sehr schöne Aussicht auf die davor liegende Bucht - geradezu bestens geeignet, um vor dem Hauptstadtrummel nochmals tief Luft zu holen (**GPS** N59 25 19.6 E24 19 49.9). Zumindest eine Rast empfiehlt sich hier. Übernachten ist angesichts der Nähe zur Straße sicher nicht Jedermanns Sache.

Von der Parkfläche biegt man auf die Straße ein und es geht in einer weiten S-Kurve für estnische Verhältnisse steil und kurvig bergab. Bei **Rannamõisa** und etwas weiter bei **Tabasalu** eröffnet sich nochmals ein schöner Blick. Dann ist bereits Tallinn in Sicht, was schon die Verkehrsdichte unschwer erkennen lässt. Die Umgebung wird dichter bebaut, der Speckgürtel der Hauptstadt ist unübersehbar. Wohnviertel mit teils noblen Häusern, aber auch Gewerbegebiete schießen wie Pilze aus dem Boden. Bald ist links ab das Estnische Freilichtmuseum ausgeschildert.

ROUTE 3

TALLINN - ROCCA AL MARE (EESTI VABAÕHUMUUSEUM)

Stellplatzart: Parkplatz
GPS: N59 25 52.7 E24 38 14.9
Adresse: Tallinn, Vabaõhumuuseumi tee 12
Tel.: +372 654 9100
mailto: evm@evm.ee
Homepage: www.evm.ee
Zufahrtinfo: Von der 390 links ab ausgeschildert.
Kurzbeschreibung: Asphaltierter Parkplatz vor dem Museumseingang (Videoüberwachung, Parkscheinautomat). Tagesparkschein möglich. Gegen einen Übernachtungswunsch hatte man nichts einzuwenden. Man sollte aber an der Kasse nachfragen.

DAS ESTNISCHE FREILICHTMUSEUM

Für den Besuch der Museumsanlage sollten Sie genug Zeit investieren. Wenigstens ein halber Tag erscheint angemessen, um die aus dem ganzen Land zusammengetragenen Häuser und Nebengebäude der Gehöfte aus dem 18.-20. Jahrhundert in Ruhe anzuschauen. Nicht zuletzt steht Ihnen die Taverne ‚Kneipe Kolu' im traditionellen Stil zur Verfügung, wo Sie sich gemütlich bei estnischen Gerichten stärken können. Und wer sich an der Verkehrsdichte nicht stört, könnte auf dem Parkplatz auch nächtigen (auf vorherige Anfrage).

Mit Ihrem Besuch machen Sie eine Zeitreise um 100-300 Jahre zurück. Bewundern Sie auf dem mehr als 70 ha großen Gelände Gehöfte und ganze Dorfszenen aus ganz Estland mit reetgedeckten Bauernhäusern, Mühlen, Back- und Saunahäusern, Fischerkaten, eine Kirche, Schule, Dorfladen und vieles mehr. Die Gebäude stehen aber nicht einfach nur so da - es ist richtig Leben geboten. Im Kolonialwarenladen können Sie einkaufen, wie zu Omas Zeiten. Es wird Brot gebacken, auch andere Handwerkszweige früherer Tage sind zu entdecken, Schülergruppen können die Strenge der Lehrer/innen von „anno dazumal" erleben (sieht man einmal von den Stockhieben und ähnlichem ab).

Die früheren Besitzer des Areals, die deutsche Familie Koch, gab ihrem Sommersitz den Beinamen „Rocca al Mare" - Steine am Meer. So sieht nämlich die Uferzone aus, wo zahlreiche Findlinge im flachen Wasser liegen. Nicht unerwähnt lassen möchte ich den benachbarten Zoologischen Garten der Hauptstadt, den ich jedoch nicht besucht habe.

ALLGEMEINES FÜR IHREN BESUCH IN TALLINN

Auch in Tallinn möchte ich vorausschicken, dass Sie die freie Übernachtung im geschäftigen Trubel der Haupt- und Hafenstadt überdenken sollten. Dieser Trubel ist es, der Langfinger magnetisch anzuziehen scheint. Der Parkplatz des Museums erscheint angesichts der Viedeoüberwachung und des Security-Dienstes noch machbar. Aber auch die Wachleute können nicht überall sein. Tallinn bietet einen - im Gegensatz zu Rīga - ganzjährig offenen Stellplatz (Pirita), der überdies schön gelegen ist. In den Monaten Mai-September kommt der Tallinn City Camping hinzu. Und einige Kilometer weiter im Südwesten finden Sie einen guten, familiären Campingplatz.

Die Bustickets in Tallinn sind preiswert, die Busse fahren in kurzer Taktfrequenz. Überdies sollten Sie (vielleicht gleich hier im Freilichtmuseum) nach der **Tallinn Card** fragen. Diese deckt den Eintritt dieses und anderer städtischer Museen ab. Beispielsweise ist der Audio-Guide für das Freilichtmuseum ist auch gleich inbegriffen, ebenso, wie die Busse und Bahnen des Nahverkehrs. Die Tallinn Card gilt 24, 48 oder 72 Stunden ab der ersten Benutzung und sie ist gültig, wenn sie datiert und unterschrieben ist (Preis 2014: € 31,00 bis €49,00).

Es führte zu weit, alle Details zu beschreiben. Dafür gibt es die Tourist Information, die mehrere Büros unterhält. Auch die Campingplätze helfen weiter. Und im Netz finden Sie auch ausführliche Informationen über das lohnen de Kärtchen (www.tourism.tallinn.ee/ger/fpage/tallinncard/preis/paket).

ROUTE 3

TALLINN - PIRITA CARAVAN CAMPING

Stellplatzart: ....Caravan-/Wohnmobil-Stellplatz
GPS: N59 28 03.2 E24 49 28.0
Adresse: ....Tallinn/Pirita, Regati pst 1
Tel.: .... +372 639 8980
mailto: ....sadam@piritatop.ee
Homepage: .... www.piritatop.ee
Zufahrtinfo: Vom Zentrum zunächst Richtung Helsinki/Stockholm folgen (E20), dann Richtung Narva und später der Ausschilderung Pirita links ab. Rechts kommt nach einem guten Stück entlang der Küste ein Obelisk eines sowjetischen Kriegerdenkmals ins Blickfeld. Dann noch etwa 500 m weiter auf der linken Seite.
Kurzbeschreibung: Stellfläche im Jachthafen Pirita. 40 Stellplätze mit Strom/WiFi. Wasserversorgung an den Stellplätzen. Entsorgung bei der Tankstelle des Jachthafens. Du/WC in der nahen Halle, an der Zufahrt Restaurant. Aussicht auf die Altstadt (Bild unten). Jenseits der Pirita tee ein Supermarkt, wo es eine Theke mit warmen Speisen zum Mitnehmen gibt. Preis 2014: € 20,00/N pauschal je Wohnmobil inkl. Strom. **Öffnungszeiten**: Ganzjährig.

ROUTE 3

TALLINN - TALLINN CITY CAMPING

Stellplatzart: ....Caravan-/Wohnmobil-Stellplatz
GPS: N59 26 53.1 E24 48 29.6
Adresse: ....Tallinn, Pirita tee 28
Tel.: .... +372 605 2044
mailto: ....info@tallinn-city-camping.ee
Homepage: ....www.tallinn-city-camping.ee
Zufahrtinfo: Wie Pirita Caravan Camping, jedoch bereits knapp 1 km nach der Verzweigung in die Pirita tee auf der rechten Seite ausgeschildert.
Kurzbeschreibung: Asphaltierter Parkplatz, der sich jedoch durch die Platzierung zwischen hohen Zäunen bzw. Betonwänden benachbarter Firmen ziemlich ungemütlich zeigt. Aber es ist ein City Camping - da ist kein Naturbezug an erster Stelle gefragt. Die Ausstattung entspricht derjenigen des vorherigen Platzes. **Öffnungszeiten**: Mitte Mai-Mitte Sept.

RAE - KIVI TALU

Stellplatzart: .... Campingplatz
GPS: N59 21 05.5 E24 54 58.0
Adresse: .... Rae, Kivi talu
Tel.: .... +372 603 4386
mailto: .... info@kivitalupuhkus.ee
Homepage: .... www.kivitalupuhkus.ee
Zufahrtinfo: Auf der A2 Richtung Tartu halten, bei der Ausfahrt Jüri ausfahren (im großen Autobahnkreisel die 3. Ausfahrt nehmen); weiter auf die A11 und dort am nächsten Kreisel die erste Ausfahrt nach Jüri, dann ausgeschildert. **ACHTUNG**! Beim Schulzentrum liegen drei „schlafende Polizisten" (Bodenwellen zur Geschwindigkeitsbegrenzung). Die ersten zwei sind gut zu sehen - die dritte aber nur bei genauem Hinsehen. Ihr Wagen dankt es Ihnen, wenn Sie sehr langsam fahren...
Kurzbeschreibung: Schön angelegter Campingplatz mit 20 Stellplätzen für Caravan/Wohnmobile, jeweils mit Strom. Entsorgung NICHT für chemiehaltige Toiletten, Grillstellen, Du/WC, Waschmaschine, WiFi, Sauna, Spielplatz. In etwa 500 m Entfernung der Ort mit Schwimmbad sowie Einkehr- und Einkaufsmöglichkeit. 15 km nach Tallinn/auch Busverbindung.

Ich selbst habe während meines Aufenthaltes stets auf dem Pirita Camping übernachtet. Auch wenn dieser Platz der am stärksten frequentierte ist und an kritischen Wochenenden im Sommer die Kapazität der Sanitäranlagen schon mal an die Grenze kommt, schätze ich ihn doch seiner ausgesprochen schönen Lage wegen. Und zudem hat man mit den städtischen Bussen in kurzem Zeitabstand, zumindest tagsüber und in den Abend, eine sehr gute Busverbindung. Nachtschwärmer müssen ein Taxi zu Hilfe nehmen, wenn der Zeitplan nicht aufgegangen ist. An der Rezeption erhält man den jeweils aktuellen Fahrplan - und gegebenenfalls die Tallinn Card. Angesichts des hervorragendes Wetters habe ich zuletzt von der Innenstadt eine herrliche kleine Wanderung zum Wohnmobil gemacht (1 1/2 Stunden via Katriorg).

Sehenswertes in Tallinn

Zunächst darf ich vorausschicken, dass ich den Rundgang durch die Hauptstadt Estlands, die sicher zu den schönsten und eindrucksvollsten Städten in Europa zählt, vom Stellplatz in Pirita aus beschreibe. Von dort gelange ich mit den Stadtbussen in wenigen Minuten zum zentralen Busbahnhof im Untergeschoss des Viru Keskus, einem Einkaufszentrum. Die Linien 1A, 8, 34A und 38 stehen zur Auswahl. Einer der Busse fährt ohne lange Wartezeiten ab der Bushaltestelle, die sich an der Pirita tee vor der Campingzufahrt befindet. Auch in der Nähe des City Camping befindet sich eine Haltestelle, wo Sie in dieselben Linien einsteigen können. Fahrpläne erhalten Sie bei den Campingplätzen. Und denken Sie an die Tallinn Card - sie öffnet Ihnen bei den Museen Tür und Tor und Sie nutzen die öffentlichen Verkehrsmittel gratis. Sie erhalten die Tallinn Card natürlich auch in der Tourist Information (Niguliste 2, Tel. +372 645 7777, turismiinfo@tallinnlv.ee). Diese finden Sie zwischen dem markanten Rathaus mit dem schlanken Turm und der Nikolaikirche (Ecke Kullassepa/Niguliste).

Die Innenstadt ist überschaubar. Die Sehenswürdigkeiten außerhalb der Stadt, beispielsweise das Estnische Freilichtmuseum und den Fernsehturm, können Sie bequem vor oder nach dem Besuch der Hauptstadt einplanen und mit dem Wohnmobil erreichen, selbstverständlich aber auch mit öffentlichen Verkehrsmitteln oder dem Fahrrad.

Auf dem Rundgang durch die Altstadt, die noch zu großen Teilen von der Stadtmauer umgeben ist, lassen Sie sich am besten von Ihrem Gefühl treiben. Eigentlich ist es innerhalb der Stadtmauern überall schön. Doch möchte ich wenigstens die wichtigsten die Höhepunkte beschreiben.

Der erste Schritt vom Busterminal könnte zum Aufzug im Viru Keskus führen, denn im 23. Stock befindet sich das **KGB-Museum** mit einer Ausstellung über die Machenschaften der sowjetischen Geheimpolizei. Allerdings muss die Führung im Voraus gebucht werden. Klären Sie dies am besten im Vorfeld über die Campingplätze (**Info:** Tel.. +372) 680 9300, viru.reservation@sok.fi).

Jenseits der Narva mantee liegt das **Rotermann-Viertel**. Es lohnt sich, durch die ehemalige Speicherstadt zu schlendern, wo heute Cafés, Kneipen und Bars auf ihre Gäste warten. Im früheren Salzhaus befindet sich heute das Architekturmuseum (www.arhitektuurimuuseum.ee).

Nebenan liegt übrigens das Fährterminal, wo die Fähren Richtung Skandinavien ankommen und ablegen. Vor dem Hafen gibt es mehrere große, gebührenpflichtige Parkplätze. Doch mag ich für die Sicherheit des Wagens, wie ich schon anmerkte, nicht unbedingt die Hand ins Feuer legen. Und wer mag, kann sich Tallinn von oben anschauen, und zwar bei einer Fahrt mit einem (angeleinten) Heißluftballon in eine Höhe von 120 m. Doch der „Blick von oben" funktioniert auch wesentlich preiswerter, sei es von einem der Aussichtspunkte, von den Kirchtürmen oder später vom Fernsehturm aus. Freunde allerdings berichteten mir von dem besonders schönen Erlebnis der Ballonfahrt. Öffnungszeiten/Info: Tel. +372 52 669 79, www.balloontallinn.ee). Ein Ticket gibt es ab € 25,00/P bei Online-Buchung bzw. € 40,00 bei Ticketkauf an der Kasse, Familienticket € 60,00.

In die Altstadt geht man von der Narva mantee schräg rechts geradewegs aufs Hellemann-Tor zu, wo man ein etwa 200 m langes Teilstück des alten Wehrgangs begehen kann. Oder man geht einen Straßenzug südlich davon durch die zwei runden Viru-Stadttore. Auf der Viru tee gelangt man so geradeaus in die Altstadt und zum **Rathausplatz** (Raekoja Plats) mit dem historischen **Rathaus** (erbaut 1402-04). Es gilt als das besterhaltene gotische Rathaus Nordeuropas. Sind Sie gut zu Fuß, sollten Sie die Gelegenheit wahrnehmen, den schlanken Turm zu besteigen (Eintritt). Von oben eröffnet sich ein herrlicher Blick über die Altstadt (Bild). Nebenan, im ehemaligen Gefängnis, befindet sich das Estnische Fotografiemuseum (Raekoja 4/6). Dort gilt es schöne Aufnahmen aus dem Tallinn früherer Jahrzehnte zu bewundern, aber auch historische Fotoapparate und ein altes Entwicklungslabor.

Blick vom Rathausturm Richtung Toompea-Hügel

Auf der anderen Seite des Rathausplatzes können Sie eine uralte **Apotheke** (erbaut 1422) bewundern. Sie ist die älteste ihrer Art europaweit, die ohne Unterbrechung betrieben wurde. Gehen Sie weiter, werfen Sie einen Blick in die benachbarte **Heiliggeistkirche** aus dem 14. Jahrhundert. Sehr eindrucksvoll sind das Altarbild von Bernd Notke aus dem 15. Jh. und die kunstvolle hölzerne Innenausstattung.

Wieder etwas weiter befindet sich im **großen Gildehaus** das Historische Museum von Tallinn (Pikk 17). Das Gildehaus selbst ist schon ein wichtiges Monument, aber die Ausstellungsstücke, Informationen und Filme geben einen guten Überblick über das Leben früherer Jahrhunderte. Gehen Sie dann die Straße zu Ende, gelangen Sie zum **Maritimen Museum** (www.meremuuseum.ee). Es ist in einem wehrhaften Kanonenturm aus dem 16. Jahrhundert untergebracht, von wo der nahe Hafen im Auge behalten und bei Bedarf verteidigt werden konnte. Der Volksmund nennt diesen Teil der Festung „Dicke Margarethe", weil hier die besonders schweren Geschütze stationiert waren. Von der Aussichtsplattform genießt man den Blick auf den Hafen und die Altstadt. Ein Stück stadteinwärts liegt die alles überragende **Kirche St. Olav**, die mit ihrem markanten Turm die Altstadtsilhouette besonders prägt. Das gotische Gotteshaus stammt aus dem 14. Jahrhundert. Der 159 m hohe Turm galt lange als das höchste Gotteshaus der Welt. Der Turm ist nur etwas niedriger als der Münsterturm zu Ulm, der seit der Fertigstellung Ende des 19. Jahrhunderts um nur 2 1/2 Meter höher ist.

Von der Olavskirche gehen Sie hinüber zur westlichen Stadtmauer, die mit einer Reihe von 5 intakten Stadttürmen ein besonders eindrucksvolles Bild abgibt. Das gilt besonders von außen, wo auch die eindrucksvollen Gärten schön anzuschauen sind. Diesen Teil der Stadtbefestigung sollten Sie ruhig von beiden Seiten betrachten. Einige Wachtürme sind auch geöffnet. Auf der Nunne tee gelangen Sie in die Stadt zurück, könnten aber auch die **Potkuli trepp** zur Aussichtsplattform gleichen Namens hinauf schnaufen.

Ich mache es mir etwas einfacher und gehe zum südlichen Ende der Straßen Lai und Pikk. Von dort führt durch das Stadttor die enge Gasse Pikk jülg auf den **Toompea Hügel** zur Ordensburg,die heute das Parlament beherbergt. Gegenüber bewundern Sie die Zwiebeltürme der Alexander-Newski-Kathedrale und unweit davon den Mariendom.

Doch der Reihe nach. Aus weltlicher Sicht ist das Parlament

mit dem markanten **Pikk Hermann** (Langer Hermann) an erster Stelle zu nennen, denn hier werden heute, wie seit dem Bau der Festung, die politischen Fäden der jungen Republik gezogen. Erbaut wurde die ursprüngliche Burg um 1230. Der Lange Hermann erhielt seine heutige Höhe von 49 m im 15. Jahrhundert. Sehenswert - auch der Aussicht wegen - ist der Garten nebenan.

Auf dem Toompea-Hügel finden Sie aber auch sehr imposante Kirchen. Auf der anderen Seite des Schlossplatzes steht die im Jahr 1900 erbaute **Alexander-Newski-Kathedarale**, die mit ihrer für das zaristische Russland typischen Bauweise mit mehreren Zwiebeltürmen aus der Umgebung eindrucksvoll hervorsticht.

Geht man schräg hinter der russisch-orthodoxen Kirche in die Piiskopi tee, gelangt man zur **Domkirche der Heiligen Muttergottes**, deren Geschichte aufs Jahr 1233 zurückgeht. Die Domkirche wurde mehrfach erweitert und umgebaut und weist deshalb mehrere Baustile auf. Der 69 m hohe Turm ist seines Standortes wegen ein interessanter Aussichtspunkt. Sonntags um 11^{00} h kann man den estnisch-evangelischen Gottesdienst besuchen. Samstags um 12^{00} h findet jeweils ein halbstündiges Orgelspiel statt.

Nun sollten Sie die Gelegenheit wahrnehmen, einen der **Aussichtspunkte** rund um den Dom aufzusuchen. Einen besonders schönen Blick über das Meer aus verschachtelten Altstadtdächern und Türmen der Stadt haben Sie von der Plattform am Ende der **Kohtu tee**, wenige Schritte vom Mariendom entfernt. Hier bewundern Sie den Kontrast zwischen dem Rathausplatz im Mittelpunkt und der modernen Skyline im Hintergrund. Von der nicht weit entfernten **Potkuli-Plattform** an der Nordflanke des Hügels blicken Sie über die Türme der Olavskirche und der Stadtbefestigung hinüber zum Hafen.

Wer gerne Treppen steigt, kann von dort zur Nunne tee hinabsteigen. Ich gehe jedoch nochmals durch die eindrucksvolle Pikk jülg, um von dort aus durch die Rataskavu tee in südlicher Richtung zur **Nikolaikirche** und weiter zum Pulverturm der Stadtbefestigung zu gelangen. Die 1230-75 erbaute Kirche war zunächst als Wehrkirche gedacht, da die Stadtbefestigung noch nicht fertig war. Mit steigendem Reichtum der Hansestadt und nach Fertigstellung der Stadtbefestigung hatten die Tallinner die Möglichkeit, das Gotteshaus mehrfach zu erweitern und zur Basilika auszubauen. Doch den Bomben im II. Weltkrieg hielt die Kirche nicht mehr stand. Sie wurde am 9.3.1944 durch sowjetische Bomben zerstört, ebenso wie das Stadtviertel ringsum.

Zwischen Rathaus und Toompea

Brunnen im Garten Virumägi

In der Heiliggeistkirche

Pikk Hermann

Aussicht vom Toompea - Altes und Modernes im Blick

Sehenswerte Stadtmauer und St. Olav

Ausstellung in einem Wachturm

Olde Hansa...

... genießen wie zur Hansezeit

Lebhaftes Tallinn: Auf dem Rathausplatz

Diese Tatsache durfte zur Sowjetzeit nicht einmal erwähnt werden. Man wollte den Bombenangriff dem anglo-amerikanischen Klassenfeind in die Schuhe schieben. Der Aufbau erfolgte in den folgenden Jahrzehnten bis 1984. Das Gotteshaus ist heute Teil des estnischen Kunstmuseums, in dem auch viele der im Krieg evakuierten Kirchenschätze zu sehen sind. Weiterhin dient sie der hervorragenden Akustik wegen als Konzertsaal.

Ein Stück unterhalb der Newski-Kathedrale, nicht weit von St. Nikolai entfernt, finden Sie zwei interessante Türme der Stadtbefestigung, den Jungfernturm und etwas weiter den Pulverturm, der im Volksmund ‚**Kiek in de Kökk**' genannt wird. Weshalb der lustige Name? Das mächtige Bauwerk hatte solch stattliche Abmessungen, dass man sagte, die Wachmannschaften könnten von oben durch die Kamine in die Küchen der Häuser der Stadt schauen. Heute ist ein Museum über die Stadtbefestigung hier untergebracht.

Geht man hier etwas außerhalb der Altstadt durch die Toompea tee, erreicht man das Okkupationsmuseum von Tallinn (Toompea tee 8, www.okupatsioon.ee). Hier wird man eingehend über die Unterdrückung zunächst in der ersten sowjetischen Phase, während des Krieges unter dem Naziregime und später wieder unter sowjetischer Besatzung informiert. Das Museum in einem modernen Glaspalast zeigt eindrucksvoll auf, wohin dreiste Parolen führen können, die extremistischen Regimes den Weg bereiten. Ein Stück weiter nach links erreicht man den Vabaduse Väljak (Freiheitsplatz) - ein Name, dessen Bedeutung sich eigentlich ganz von selbst erklärt, wenn man die Eindrücke aus dem Okkupationsmuseum in Erinnerung behält.

Durch die Harju tee gelange ich wieder Richtung Rathausplatz und habe nun einen ganz besonderen Einkehrtipp für Sie. Natürlich finden Sie in Tallinn, dieser unerhört lebhaften, multikulturellen Stadt vielfältige Restaurants, Kneipen und Bars. Für jeden Geschmack ist hier etwas dabei - von Fast-Food bis hin zur hochklassigen Gastronomie.

Möchten Sie aber mal so richtig, wie im Mittelalter, in die kulinarischen Genüsse aus der Hansezeit eintauchen? Dann gehen Sie vor dem Rathaus schräg rechts ab und achten in der Straße „Vana turg" auf den Schriftzug „Olde Hansa". Vergessen Sie, was elektrisches Licht ist, setzen sich auf eine der robusten Sitzbänke aus dunklem Eichenholz mit ebensolchen Tischen und lassen sich - von authentisch gekleideten Bediensteten stilecht auf irdenen Tellern und in Krügen serviert - auf der Zunge zergehen, womit schon unsere Vorfahren den Gaumen kitzelten. Alle Speisen werden nach Rezepten aus dem 15./16. Jahrhundert zubereitet. Und zum Mitnehmen erhalten Sie in der angeschlossenen Krambude herrlich würzige gebrannte Mandeln. Das alles ist natürlich kein billiges Vergnügen - aber eben ein ganz besonderes!

Einige lohnende Sehenswürdigkeiten bieten sich von Pirita aus an, sei es auf dem Weg in die Stadt oder als separater Ausflug.

Wenn Sie nach der Altstadtbesichtigung noch Lust auf das stattliche Schloss Katriorg verspüren, können Sie ein Stück mit dem Bus fahren oder eine kleinere „Wanderung" daraus machen. Von der Narva mantee gesehen auf der rechten Seite befindet sich der herrliche Park mit dem prächtigen **Schloss Katriorg (Katharinental)**. Die Geschichte des Hauses geht auf die Eroberung des Baltikum durch Peter den Großen zurück. Er ließ das Schloss 1718 erbauen und widmete es - und den Park - seiner Gattin Katharina I. Kunstbeflissene werden sich sicher das heute dort befindliche Kunstmuseum anschauen. Doch alleine der herrliche Park ist einen Ausflug wert, bevor es anschließend mit dem Bus (oder wie ich es getan habe, entlang der Pirita tee zu Fuß) zum Stellplatz in Pirita zurück geht. In diesem steht auch das Haus des Zaren, das Peter der Große bei all seinen Aufenthalten in Tallinn als Unterkunft diente. Das Haus wirkt im Vergleich zum „Neuen Schloss" geradezu schlicht. Ein weiteres Palais im Park dient heute als Sitz des estnischen Staatspräsidenten. Es kann deshalb - aus nachvollziehbaren Gründen - nicht besucht werden.

An den Park von Katriorg schließt sich in Richtung Pirita der Japanische Garten an - Tabuzone, wenn Sie einen Hund dabei

haben: Hundeverbot! Jenseits der Narva mantee, in Höhe der Gabelung nach Pirita, steht die „Russalka", ein Monument, das den Opfern des Untergangs des gleichnamigen Schiffes gewidmet wurde. Hier beginnt die Strandpromenade, die sich bis hinauf nach Pirita zieht.

An der markanten, geschwungenen Bühne befindet sich die estnische Sängerwiese - ein historischer Platz, denn hier begann die „singende Revolution" 1988, die letztlich zur Unabhängigkeit des Landes führen sollte. Auch wenn das damals niemand wirklich zu hoffen wagte. Wer den City Camping zum Ziel hat, ist ein Stück weiter am Ziel angelangt.

Noch etwas weiter nördlich liegt das Estnische Geschichtsmuseum (Pirita tee 56, www.ajaloomuuseum.ee), das sich eingehend mit der Geschichte der jungen Republik und - wie könnte es anders sein - auch intensiv mit der Sowjetbesatzung befasst.

Markant in die Höhe ragt ein Obelisk nahe dem Hafen von Pirita. Das Monument wurde den Gefallenen der Roten Armee gewidmet. Aber auch ein deutscher Soldatenfriedhof liegt in der Nähe.

Und nicht zuletzt - auch der Jachthafen von Pirita ist nichts anderes als eine Sehenswürdigkeit aus der jüngeren Geschichte Estlands, wurden doch hier die Ruder- und Segelwettbewerbe der olympischen Sommerspiele 1980 ausgetragen.

Pirita wäre sicher auch im Westen viel bekannter, wären nicht gerade diese Spiele von den westlichen Ländern wegen des Einmarschs der Sowjets in Afghanistan boykottiert worden. So fanden weder die Spiele noch die Stadt Tallinn im Fernsehen des Westens die Beachtung, das Sowjetregime erhofft hatte.

Oberhalb von Pirita liegt die Klosterruine der Hl. Birgitta (Kloostri tee 9, http://www.piritaklooster.ee/eng_kylalistemaja.html), deren Giebelseite weit zu sehen ist. Die Klosteranlage vom Anfang des 15. Jh. wurde im Livländischen Krieg zerstört und fristet seither ihr Dasein als eindrucksvolle Ruine auf den Hügel oberhalb Pirita. Neben den Ruinen hat der Birgittenorden 2001 ein neues Kloster gegründet.

Sehenswertes außerhalb der Innenstadt

Das Estnische Freilichtmuseum (Rocca al Mare) hatte ich eingangs schon ausführlich beschrieben - und für eine ausführliche Besichtigung empfohlen.

Dasselbe möchte ich nun tun, wenn ich auf der Weiterfahrt auf den Botanischen Garten aufmerksam mache (Kloostrimetsa tee 52, www.tallinnbotanicgarden.org). Doch nicht dieser ist mein Ziel. Vielmehr fahre ich noch ein Stück weiter und will nun ganz hoch hinaus, um angesichts echten Kaiserwetters die Fernsicht zu genießen. Das ist in den baltischen Staaten mangels entsprechender Berge bekanntlich nicht eben leicht. Doch wenn ein Fernsehturm überdies auf einem Hügel steht, gibt es die Chance für eine außergewöhnlich schöne Aussicht. Und das ganz ohne körperliche Anstrengung - der Aufzug befördert Sie in Windeseile in die Höhe. Allerdings - ein Besuch hier lohnt sich nicht nur der Aussicht wegen. Dazu gehört eine sehr interessante Ausstellung

Das Wohnmobil parkt derweil auf dem asphaltierten Parkplatz am Fuß der stattlichen Betonsäule (**GPS** N59 28 21.0 E24 53 15.8).

DER FERNSEHTURM VON TALLINN (TALLINNA TELETORN)

Zunächst gab es in der Stadt beim Rundfunkhaus einen 180 m hohen Sendemasten, dessen Kapazität aber zusehends ausgereizt war. So entschloss man sich, trotz Schwierigkeiten, zu den Olympischen Sommerspielen 1980 einen neuen, repräsentativen Fernsehturm zu errichten. Dieser wurde am 11.7.1980, gerade noch rechtzeitig also, eröffnet.

Der Turm hat die stattliche Höhe von 314 m. Die Aussichtsplattform liegt 170 m über dem Grund. Der neue Aufzug bringt Sie in beeindruckend schnellen 49 Sekunden zur Aussichtsplattform.

Auch hier in Tallinn war der Fernsehturm Schauplatz von Reibereien im Zuge der Freiheitsbewegung Estlands. Doch blieb es hier, trotz sowjetischer Panzer und im Gegensatz zu Vilnius, unblutig.

Im Jahr 2007 brachte die neue Brandschutzverordnung neue Probleme. Der bei Einheimischen und Touristen beliebte Turm musste für die Öffentlichkeit geschlossen werden. Die Modernisierung erfolgte 2010, und am 4.4.2012 konnte die Wiedereröffnung gefeiert werden.

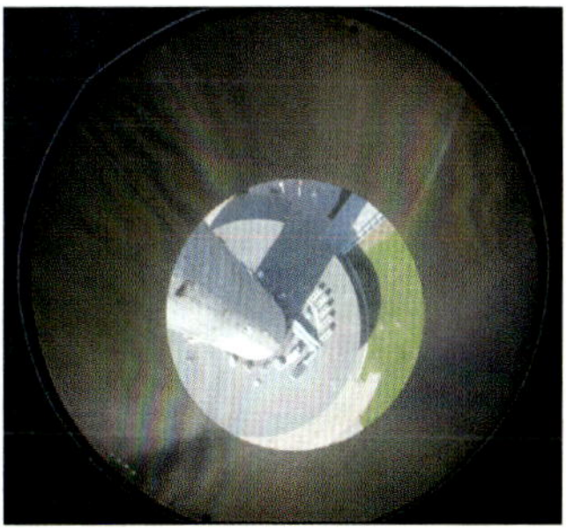

Im 1. Stockwerk können Sie die Ausstellung über den Bau des Turms besichtigen.

Im 20. Stockwerk erwartet Sie die Ausstellung „Spitzen Estlands", die zahlreiche Themen an Multimedia-Displays in Pilzform beleuchtet. Viele davon sind sicher auch für Touristen sehr interessant zu wissen. Da lernt man, dass in Estland Parlamentswahlen von zu Hause übers Internet problemlos klappen und dass Estland als eine der erfolgreichsten „e-Gesellschaften" gilt. So wissen viele vielleicht nicht, dass das webbasierte Bildtelefon-System „Skype" hier in Estland entwickelt wurde. Im 3D-Kino läuft alle 15 Minuten ein Film, der als Einführung in den Besuch gedacht ist. Eindrucksvoll ist auch der Blick durch die verglasten Schaulöcher im Fußboden... (Bilder vorige Seite).

Einzigartig ist aber auf alle Fälle die Aussicht von der Besucherplattform in 170 m Höhe vom 21. Stockwerk aus (siehe Bild unten - im Vordergrund sehen Sie das Birgittenkloster von Pirita, dahinter das Olympiazentrum (Olympia keskus), das im Sommer bei guter Witterung geöffnet wird. Bei ganz klarem Wetter kann man von hier sogar bis Helsinki schauen.

Öffnungszeiten/Info: Mai-Sept. Mo-So 10^{00}-19^{00} h, Okt-April Mi-Mo 11^{00}-18^{00} h. Tel. +372 686 3000, teletorn@teletorn.ee, www.teletorn.ee, Adresse: Kloostrimetsa tee 58a. Das **Restaurant** öffnet von Mai-Sept. Mo-So 10^{00}-23^{00} h, im Winterhalbjahr Mi-Mo 11^{00}-23^{00} h. Jeweils 100 Personen dürfen gleichzeitig auf die Aussichtsplattform. Dafür sollte man sich 1 Stunde Zeit nehmen, muss an schönen Tagen aber auch schon mal eine Wartezeit in Kauf nehmen.

ROUTE 3

Nun ist es an der Zeit, Tallinn adieu zu sagen. Oder besser auf Estnisch „Hwad aega! - Peatse jällenägemiseni!", was bedeutet „Tschüß - bis bald!", denn wer die Stadt einmal kennengelernt hat, wird früher oder später sicher gerne wiederkommen.

So starte ich den Motor, fahre auf der Kloostrimetsa tee weiter, im weiten Bogen auf die Pämamäe tee und gelange so nach kurzer Fahrzeit zur 1, welcher ich weiter in östlicher Richtung folge.

Das nächste, wiederum sehr interessante Reiseziel ist der an der estnischen Nordküste gelegene Lahemaa Nationalpark. Ich gelange in Höhe des Maardu järv zur Straße 1 und schere in Fahrtrichtung Narva auf diese ein. Schon nach kurzer Fahrzeit verlasse ich die Betonpiste wieder, hinein in die schöne Natur. In Höhe der Lukoil Tankstelle bei **Jõelähtme** (nach knapp 10 km) biege ich links ab und bleibe auf der Nebenstraße fast parallel zur Hauptstrecke bis zum Weiler Koogi, wo ich der Ausschilderung zum Wasserfall folge. Nach der Fahrt auf guter Asphaltstrecke erreiche ich den Parkplatz, der angesichts der Bekanntheit der immerhin 8 m hohen Kaskade des **Jägala jõgi** zwar nicht einsam und auch nicht immer ruhig ist. Aber schön gelegen ist der Platz - geradezu ein idealer Übernachtungsplatz für diejenigen, die einen einfachen Platz in naturnaher Umgebung, aber doch nicht allzu einsam gelegen, schätzen. Zudem ist es in Estland nicht gerade alltäglich, einen sehenswerten Wasserfall zu Gesicht zu bekommen, der aus den Moorgebieten seine „Schwarzteefarbe" hat.

JÕELÄHTME - JÄGALA JUGA

Stellplatzart: .... Parkplatz
GPS: N59 26 57.2 E25 10 44.2
Adresse: .... Jõelähtme, Jägala Joa tee
Zufahrtinfo: Von der Lukoil Tankstelle bei Jõelähtme schrägt links halten, bis Koogi fahren, dort links ab zum Wasserfall.
Kurzbeschreibung: Geschotterter Parkplatz beim höchsten natürlichen Wasserfall Estlands. Sitzbänke, Mülltonne, Spazierweg zum sehenswerten Wasserfall. An schönen Sommertagen, besonders an Wochenenden, herrscht hier allerdings reger Ausflugsbetrieb. Wer den Wasserfall betrachtet, versteht aber schnell, warum.

ROUTE 3

Sollte es Ihnen für die Nacht zu geschäftig zugehen, können Sie mir auf die andere Seite des Jägala jõgi folgen, wo nicht weit entfernt ein schöner See liegt. Dort gibt es nicht nur eine schöne Alternative zum Parkplatz am Wasserfall, sondern weitere schöne Spazierwege und zugleich die Möglichkeit, all das mit einer kleinen Radtour zu verbinden.

Wenn Sie in Koogi geradeaus zur 260 fahren und dort links abbiegen, überqueren Sie bald den Fluss. Wenig später geht es wieder links entlang des Ufers des Stausees weiter. Sie passieren das Elektrizitätswerk nebst Staustufe, eines der wenigen leistungsfähigen Wasserkraftwerke Estlands. Am Parkplatz, der nach 3,5 km erreicht ist, erwartet Sie eine Infotafel über die archäologische Fundstelle auf dem nahen Burgberg, den man in einem kurzen Spaziergang erreicht.

Radtour zum Neeme Leuchtturm (Neeme tuletorn)

Wenn Sie Fahrräder haben, können Sie auf den Sattel steigen. Folgt man dem Sträßchen 10 km, erreicht man den Leuchtturm auf der Landzunge. Unterwegs kann man zum Strand gelangen und in Neeme den kleinen Hafen mit Resten einer alten Schmalspurbahn besichtigen (früher militärisches Sperrgebiet). Insgesamt 20 km einfach befahrbare Strecke zur schönen Landspitze.

JÄGALA JÕA - JÄGALA LINNAMÄGI

Stellplatzart: Parkplatz
GPS: N59 28 02.3 E25 09 42.8
Adresse: Jägala jõa, Linnamägi
Zufahrtinfo: Von Ruu (Straße 260) links abbiegen und der Nebenstrecke 3,5 km zum Parkplatz am Stausee folgen.
Kurzbeschreibung: Geschotterter Parkplatz am Ufer des wie ein idyllischer See anmutenden Stausees.

Zurück an der 260, folge ich dieser, biege dann aber links ab auf die 263, die zur Küste bei Kaberneeme führt. Die Küste ist hier wieder mit Traumstränden gesäumt, die Badefreunde erfreuen dürften, wenn das Wetter mitspielt. Wenn Sie bei **Kaberneeme** die Straße 266 südostwärts nehmen, können Sie den einen oder anderen Halt an einem der Aussichtspunkte hinüber zu den unter Naturschutz stehenden Inseln im flachen Meer nutzen.

Sie gelangen dann Richtung **Valkla**. Dort findet sich das nette **Restaurant Valkla Forel**, Tel. +372 50 50043, 60 73 231, mailto: valklakala@hot.ee, www.valklaforell.ee), das ich sehr gerne besucht hätte, wäre nicht einmal wieder eine Hochzeitsgesellschaft schneller gewesen. Der Name deutet auf die Spezialität des Hauses hin: Forellen. Leider war der Parkplatz während meiner Recherche voll (**GPS** N59 28 51.7 E25 20 09.4). Hierdurch entdeckte ich allerdings das Sträßchen, das jenseits der 266 zum Strand führt, wo der Campingplatz Valkla rand seine Gäste erwartet.

VALKLA - VALKLA RAND

Stellplatzart: Campingplatz/Parkplatz
GPS: N59 29 37.4 E25 20 59.4
Adresse: Valkla
Tel.: +372 56 244 544
mailto: info@valklarand.ee
Homepage: www.valklarand.ee
Zufahrtinfo: Von der 266 in Höhe Valkla (Restaurant Forell) links ab auf die schmale Asphaltstrecke zur Küste.
Kurzbeschreibung: Großer Parkplatz, daneben Campinggelände. Parken gebührenpflichtig. Wohnmobile stehen auf dem Parkplatz, jedoch ist im Gegenzug das Übernachten sehr günstig: € 6,50 pro Nacht pauschal je Wohnmobil sind ein Wort! Picknickstellen, Dixi-Toiletten stehen zur Verfügung. Einfaches, aber günstiges Strandrestaurant nebenan. Nach dem kurzen Strandzugang erstreckt sich ein, herrlicher Sandstrand (Bild unten).

ROUTE 3

Die küstennahe Straße kann ab dem Campingplatz nicht genutzt werden So heißt es, nach Valkla zurückzukehren und auf der 266 wieder Richtung Südosten zu fahren. Kurz vor der 1, in Kiiu, biege ich allerdings wieder links ab, um auf der parallel verlaufenden 260 zu bleiben und so dem Fernverkehr auszuweichen.

Nach 4 km folge ich allerdings der 270 wieder nordwärts, dem Meer entgegen. Noch einmal knapp 4,5 km sind es, dann ist der **Lahemaa Nationalpark** erreicht, den ich aufgrund seiner Vielseitigkeit sehr schätze. Ob Sie den Zick-Zack-Kurs, den ich gefahren bin, in dieser Ausführlichkeit mitmachen möchten oder können, kann ich nicht beurteilen. Keinen Abstecher allerdings habe ich aufgrund der landschaftlichen Schönheit bereut.

Kaum im Nationalpark angekommen, macht mich, wie schon so oft, ein RMK-Hinweisschild neugierig, verspricht dies doch meistens ein nettes Plätzchen für die Nacht. Auch in diesem trügt der Eindruck nicht. Überdies gibt es hier einen Strand, auch wenn dieser auf einem kurzen Spaziergang erreicht werden will. Mehrere Parkbuchten entlang der Zufahrt, alle als Picknickstellen ausgestattet, reihen sich wie Perlen an der Schnur auf und laden zum Verweilen ein. Der unterste Parkplatz ist noch frei, weshalb ich gerne den Zündschlüssel ziehe, auch wenn ich dort auf Betonplatten stehe.

P WC **TSITRE - TELKIMISALA (RMK)**

Stellplatzart: .... Parkplatz/Rastplatz
GPS: N59 31 04.9 E25 30 38.5
Adresse: .... Tsitre
Zufahrtinfo: Nach 3,6 km im Nationalpark weist ein Holzschild des RMK links ab zum Rastplatz, der nach etwa 900 m schmaler, aber guter Zufahrt erreicht wird.
Kurzbeschreibung: Mehrere Parkbuchten am Waldrand mit Grill-/Picknickstellen, an denen auch Holzvorräte bereitstehen. Trockentoiletten. Kurzer Fußweg zum Strand, der hier etwas unterhalb des Parkplatzes liegt. Er ist zwar etwas mit Findlingen übersät, liegt aber in einer idyllischen Bucht.

ROUTE 3

DER LAHEMAA NATIONALPARK

Der für den Tourismus gut erschlossene Nationalpark wurde 1971 als erster Nationalpark Estlands gebildet. Fast ein Drittel der Fläche erstreckt sich über die Ostsee, der Rest auf die Landfläche. Der Park bietet den Besuchern einen breiten Querschnitt über die Natur- und Kulturlandschaft Estlands. Dass der Name „Lahemaa" Land der Buchten bedeutet, beschreibt die Küstenregion sehr gut (Bild unten: Bei Altja). Doch gilt es auch etwas abseits der Küste schöne Abschnitte mit einer vielseitigen Flora und Fauna zu entdecken.

Steinige und sandige Strände, teils in verträumten Buchten, bestimmen den Küstenbereich. Dieser ist weitgehend unberührt, da es sich während der Sowjetzeit um ein grenznahes Sperrgebiet handelte. Reste zahlreicher Militäranlagen sind noch zu finden, von denen Sie auf meinen Routen einige entdecken können. Die Steine sind Ablagerungen der großen Inlandsgletscher, die in der Eiszeit von Skandinavien herüber flossen.

Aber auch endlose Wälder, teils durchsetzt mit sumpfigen Gebieten bieten einer vielfältigen Tierwelt einen geradezu idealen Lebensraum. Dazu gehören auch große Säugetiere wie Elche, Wildschweine, Bären, Luchse und Füchse. Einige Sumpfgebiete werden durch Biber „bewirtschaftet", was Sie auf dem Oandu Naturpfad und bei Altja entdecken können. Auch eine reiche Vogelwelt ist zu bewundern, darunter Schwarzspechte, während des Vogelzugs auch zahlreiche Kraniche.

Alte Dörfer warten auf Ihren Besuch, darunter gut erhaltene Fischerdörfer wie das malerisch gelegene Altja. Ebenso dürfen Sie sich auf stattliche Hofgüter und Schlösser freuen. Die Nationalparkverwaltung und das Informationszentrum befinden sich im Hofgut Palmse, das ich zusammen mit anderen Herrenhäusern auch in die Route eingebunden habe. In Sagadi kommt das Waldmuseum hinzu. Und auch traditionelle Einkehrmöglichkeiten gehören ins Programm.

Wandern und Rad fahren zählen beim Besuch dieses besonders schönen Nationalparks sicherlich zu den Fortbewegungsarten, die Ihnen das Naturerlebnis am besten erschließen. Freuen Sie sich also auf die abwechslungsreiche Reise durch den Nationalpark.

ZUM UMGANG MIT DEN RAUBTIEREN

Scheuen Sie sich nicht vor dem ausführlichen Besuch im Nationalpark. Die Bären, Wölfe und Füchse, die hier leben, stellen normalerweise keine Gefahr dar. Lange, bevor Sie diese entdecken werden, suchen die Raubtiere das Weite, denn sie werden schon weitaus früher Witterung von Ihnen aufgenommen haben und Reißaus nehmen. Denn die Tiere erkennen den Menschen als Gefahr.

So erzählte mir ein Gastwirt schmunzelnd eine Geschichte, wonach deutsche Touristen ganz aufgeregt in sein Gasthaus gestürzt seien mit der Bitte, er möge dringend die Polizei rufen. Auf die besorgte Frage, was er dort mitteilen solle, meinten diese, sie hätten aus dem Auto heraus einen Bären beim Überqueren der Straße entdeckt. Die Gegenfrage, welches Verbrechen das Tier denn begangen hätte, beruhigte dann die Situation etwas. - Die Gäste hätten eingesehen, dass die Überquerung einer Straße in einem solch schönen Nationalpark in der Tat kaum ein Grund für eine Anzeige gegen Meister Petz sein dürfte.

Dass Sie einen Bären, Wölfe oder Luchse zu Gesicht bekommen werden, dürfte ohnehin äußerst unwahrscheinlich sein, meinte der Wirt. Die besagten Gäste sollten deshalb glücklich sein, überhaupt das Glück gehabt zu haben, einen Bären entdeckt zu haben. Gegessen hätten Sie allerdings dann auch nichts, was schade sei. Und da haben sie wirklich etwas verpasst - es handelte sich um die Taverne in Altja.

Da ich mich im Nationalpark nicht nur um die Küstenregion kümmern wollte, bin ich zunächst auf der 270 weiter bis zur 268 gefahren und gelange auf dieser über **Kolga** zur 85. In Kolga finden Sie ein stattliches Schloss, das sich allerdings noch ein einem schlechten Zustand befindet. Doch ist man hier munter dabei, die Bausubstanz zu sichern und die Gebäude zu restaurieren (Bild unten). Der Gutshof, der 1820 im neoklassizistischen Stil errichtet wurde, geht auf ein Zisterzienserkloster zurück. Dessen Geschichte reicht bis ins Jahr 1230. Das Gut ging ins Eigentum des schwedischen Königshauses über und wurde Ende des

17. Jahrhunderts der Familie Stenbock übereignet, der es seither gehört. Zwar ist hier noch einiges zu tun, aber eindrucksvoll ist das Schloss nebst Park und übrigens einem Museum über die Geschichte der Gemeinde **Kuusalu** allemal (Tel. +372 607 7177 , www.kuusalu.ee).

Ein kleines Stück weiter wird die 85 erreicht. Sie führt in südlicher Richtung zurück zur 1. Wer diesen Abstecher nach Nõmmeveski, den ich vor allem für Naturliebhaber empfehlen kann, auslassen möchte, folgt von Kolga kommend links ab auf die 85, auf die ich nach dem Ausflug an den Valgejõgi später auch wieder fahre.

Doch zurück zum Ausflug über Nõmmeveski: Gut 6 Kilometer folge ich der 1, um sie bald der Ausschilderung **Valgejõe** folgend zu verlassen. Die Nebenstraße 108 führt zunächst in den Ort und von dort dem mäandrierenden Fluss folgend (Straße 281) wieder in nördlicher Richtung. 4 km weiter zweigt ein Nebensträßchen rechts ab nach Nõmmeveski. Zwar liegt dieses nette Plätzchen nicht an der eigentlichen Route und erfordert den beschriebenen Umweg. Dafür ist es aber eine sehr schöne Gelegenheit, eine Übernachtung in der schönen Natur einzulegen und ein wenig am mäandrierenden Fluss Valgejõgi zu wandern (Bilder unten). Die 281 führt von Nõmmeveski in nordwestlicher Richtung zur 85 zurück, wo sich die Wege beider Varianten wieder treffen.

P WC NÕMMEVESKI - RASTPLATZ

Stellplatzart: .... Rastplatz
GPS: N59 30 26.8 E25 47 14.5
Adresse: .... Nõmmeveski
Zufahrtinfo: Von der A1 kommend in Valgejõe vor der Flussbrücke links ab. Dann folgt das blaue Ortsschild Parksi, 400 m weiter rechts ab ausgeschildert. 800 m weiter ist der Parkplatz erreicht.
Kurzbeschreibung: Großer Schotterplatz am Rand des kleinen Weilers mit überdachter Picknickstelle, Trockentoilette. Spazierwege entlang des herrlichen, naturbelassenen Flusses.

Die 85 führt nun weiter nach **Loksa**, eine Garnisonsstadt aus sowjetischer Zeit, die lediglich den Charme der Plattenbauten aus dieser Zeit versprüht und deshalb kaum einen Halt wert ist. Doch die Weiterfahrt hinauf zur Landspitze **Pärispea** lohnt sich umso mehr, haben doch ehemalige Militärbereiche auch hier oft den Vorteil, dass sich die Natur weitgehend ungestört erhalten konnte. Schon auf der Fahrt entlang der Westküste der Landzunge eröffnet eine schöne Aussicht hinaus auf die zerklüftete Nordküste mit Buchten und Findlingsstränden. In Pärispea angekommen, führt eine kleine Schotterstraße in nördlicher Richtung (leicht schräg rechts ab) ganz hinaus zur Landspitze. Das ehemalige Kasernengelände folgt gewissermaßen dem Prinzip „Schwerter zu Pflugscharen", denn heute gibt es hier traumhafte Buchten mit Sandstrand, Picknickstellen und mehreren Parkplätzen - ideal, um hier einen gemütlichen Badetag am flachen Wasser der Ostsee zu verbringen, zu picknicken oder ein Lagerfeuer draußen am nördlichsten Punkt Estlands zu entfachen.

P WC **PÄRISPEA - PUREKKARI NEEM**

Stellplatzart: .... Parkplatz
GPS: N59 39 59.0 E25 42 12.5
Adresse: .... Pärispea
Zufahrtinfo: Zunächst in den Ort fahren. Dort gelangen Sie zu einer Kreuzung und halten sich dort rechts. Wenig später folgt links ab die Abzweigung auf den Schotterweg (Schild: Purekkari neem), der in den Wald führt und weiter bis zu einer ehemaligen Geschützstellung auf einem aufgeschütteten Hügel. An dessen Fuß befindet sich der Parkplatz. Die Zufahrt war bei der letzten Recherche in recht schlechtem Zustand.
Kurzbeschreibung: Wenige Schritte zur traumhaft schönen Bucht mit Sandstrand und flachem Wasser (ideal auch mit Kindern). Picknick-/Grillstellen, Trockentoilette. Weiterer Parkplatz etwas weiter nach links.

Zurück geht die Reise nach Pärispea. Biegt man an der dortigen Kreuzung rechts ab, findet sich nach etwa 1,5 km ein weiterer Parkplatz, der sich aufgrund der besseren Zufahrt als Alternative anbietet. Allerdings ist dort kein so schöner Sandstrand. Diesen können Sie jedoch auch gut mit dem Fahrrad oder im Rahmen einer kleinen Wanderung erreichen.

Und dann geht es 1 km nach Süden, um links ab auf der 287 zum östlichen Ufer der Halbinsel und dann wieder in südlicher Richtung (auf Asphalt) Richtung **Viinistu** zu fahren. Die östliche Küste (die Straße hat nun die Nummer 280) ist nicht weniger schön als auf der anderen Seite. Streckenweise liegen Schilfgürtel entlang der Küste. In **Kasispea** orientiere ich mich links und folge somit weiter auf kurviger Strecke dem Ostseeufer, bis die 210 erreicht ist. Auf dieser geht es links ab Richtung Võsu weiter.

Erneut steht 8,5 km weiter östlich ein Abstecher auf meinem Programm. Ich biege links ab und folge der Ausschilderung nach **Käsmu**. Auch in dem netten Fischerdorf befindet sich ein kleiner Parkplatz, der eine übernachtungstaugliche Alternative zu den vorherigen Plätzen bietet (**GPS** N59 36 37.0 E25 54 58.9). Im Ort bietet sich die Möglichkeit, stattdessen die Ferieananlage Lainela puhkeküla zu nutzen, auf der auch ein paar Stellplätze für Caravans und Wohnmobile eingerichtet sind (**GPS** N59 36 33.0 E25 55 11.8). Diese sind jedoch etwas schräg - eher eine Ausweichmöglichkeit. Doch hat das nette Fischerdorf ein schönes, auf private Initiative eines Seemanns in einem früheren Gebäude der sowjetischen Grenztruppen entstandenes Museum zu bieten, das es zu besuchen lohnt. Hier hat Aarne Vaik über Jahre hinweg Ausstellungsstücke zur Seefahrt und aus dem Leben im Dorf zusammengetragen. Feste Öffnungszeiten gibt es nicht - geöffnet ist, wenn jemand zu Hause ist oder man einen Termin ausmacht (Merekooli 1,Tel. +372 324 8136, muuseum@kasmu.ee, www.kasmu.ee). Der Eintritt ist frei, jedoch freut man sich über eine Spende für den Erhalt und den Ausbau des Museums.

Wandern von Käsmu um die Halbinsel

Am Parkplatz (Straßenende im Dorf Käsmu) startet ein Rundweg von 15 km Länge um die Halbinsel herum. Die Küstenlandschaft ist geprägt vom flachen Ostseeufer, Schilfgürteln und unzähligen Findlingen, die im Wasser liegen und den Seevögeln einen willkommenen Rastplatz bieten. Besonders zahlreich sind Schwäne und Enten, im Frühling und Herbst auch Kraniche. Angenehm ist der Wanderweg bei sonnigem, heißem Wetter, da der Wald fast auf der gesamten Halbinsel bis an die Küste heran reicht. (Gesamtlänge 15 km, ca. 3-4 Stunden Gehzeit).

Zurück an der 210, biege ich Richtung **Võsu** ab. Wer einen schönen, weitläufigen und gepflegten Campingplatz sucht, kann den Blinker gleich setzen und den Wagen auf den Lepispea Caravan Camping lenken. Auf dem Gelände eines früheren Bauernhofes findet sich für Wohnmobile immer ein schöner Platz. Und dann kann es losgehen zum Strand, zum ausgedehnten Radeln oder einfach nur mit dem Faulenzen. Sie erhalten überdies ein vorbildliches Infopaket mit vielen Tipps für Ihre Ausflüge von hier aus.

VÕSU - LEPISPEA CARAVAN CAMPING

Stellplatzart: .... Campingplatz
GPS: N59 34 34.8 E25 56 08.5
Adresse: .... Võsu, Lepispea 3
Tel.: .... +372 545 01522
mailto: .... info@lepispea.eu
Homepage: .... www.lepispea.eu
Zufahrtinfo: Auf der 210 von Westen her 1 km vor Võsu (500 m nach der Einmündung von Käsmu her kommend) links ab ausgeschildert.
Kurzbeschreibung: Wiesengelände mit ausgewiesenem Bereich für Wohnmobile mit WiFi, Sanitärausstattung und Ver-/Entsorgung im Campingpreis (2014) von € 15,00/Tag pauschal je Wohnmobil enthalten. Grill-/Picknickstellen, Spielplatz. Strom € 2,00 zusätzlich. Sauna/Waschmaschine gegen Aufpreis. **Öffnungszeiten**: Mai-September.

ROUTE 3

Besonders angenehm ist, dass der Campingplatz kein „Partyplatz" ist - hier wird die Nachtruhe ernst genommen. Wie mir von den Besitzern im Zuge eines ausgedehnten Spaziergangs erzählt wurde, kommen - vor allem in der ruhigeren Nebensaison - häufig sogar Wildtiere auf den Platz (Elche, Wildschweine etc).

Der Strand vor dem Campingareal ist kein Sandstrand. Einen solchen finden Sie jedoch nur 1,5 km entfernt in Võsu. Der zugehörige Parkplatz allerdings ist für Wohnmobile gesperrt - wenn man das Verbotsschild streng auslegt, sogar tagsüber. Schade eigentlich, wenn man beispielsweise in einem Restaurant einkehren möchte. Auch einen kleinen Markt gibt es in dem Badeort, wo man traditionelle Handarbeiten ebenso kaufen kann, wie frisches Obst und Gemüse nach saisonalem Angebot.

Kurz nach dem Ortsausgang überquert man den Võsu jogi und biegt dann gleich scharf links ab auf die 181. Die Küstenstraße folgt der Uferlinie der nächsten Halbinsel etwas ins Landesinnere versetzt. Immer wieder genießt man die herrliche Aussicht auf die Ostseebuchten hinaus, die reiche Vogelwelt und durchquert eine abwechslungsreiche Landschaft aus Wiesen, Wäldern und Sumpfgebieten. Und wenn ich dies sage, liegt es auch auf der Hand, dass Wildtiere sich hier pudelwohl fühlen - auch Elche. In diesen Wäldern hatte ich, wie zuvor in Lettland, vor einigen Jahren das Glück, dass meine Frau einen großen Elch neben der Straße entdeckt hatte. Nur leider - bis ich angehalten hatte und der Fotoapparat zur Hand war, konnte sie nur noch den Elchhintern fotografieren - schade! Auch bei Elchen gilt aber: Ein schöner (verlängerter) Rücken kann auch entzücken...

Dieses Erlebnis aus einer meiner früheren Recherchefahrten durch Estland sollten Sie zum Anlass nehmen, das Warnschild ernst zu nehmen. Es wäre fatal angesichts der Größe des Tieres, einen Elch, der unvermittelt die Straße überquert, anzufahren!

So fahre ich aufmerksam weiter um die Halbinsel und genieße dennoch die Eindrücke von der unvergleichlichen Natur. Bald erreiche ich, kurz nachdem der nördlichste Punkt der Halbinsel hinter mir liegt, die Abzweigung nach **Vergi** und biege dorthin ab. Erneut findet sich ein Stellplatz, auf dem Sie für einen schönen Aufenthalt im Wohnmobil willkommen sind. Vom Parkplatz aus haben Sie eine herrliche Aussicht über die breite, vogelreiche Bucht Richtung Altja.

VERGI - VERGI SADAM

Stellplatzart: .... Parkplatz
GPS: N59 36 00.9 E26 05 57.0
Adresse: .... Vergi, sadam
Tel.: .... +372 55 56 7349
mailto: .... vergi@helter.ee
Homepage: .... www.vergiport.ee
Zufahrtinfo: Von der 181 links ab nach Vergi fahren, dann im Zentrum schräg links der Ausschilderung „Vergi sadam" folgen.
Kurzbeschreibung: Asphaltierter Parkplatz am kleinen Jachthafen am Fuß des Leuchtturms. Das benachbarte Restaurant ist in den Sommermonaten (Juni-August) geöffnet. Parken für eine Nacht ist frei, Stromanschluss auf Anfrage möglich.

Ins Fischerdorf **Altja** haben Sie nur ein kleines Stück zu fahren. Dort sollten Sie einen Halt einplanen und sich die Zeit für einen Spaziergang zur Landspitze hinaus nehmen, um die schönen, reetgedeckten Fischerhäuser und die Aussicht über die Bucht zurück zum Leuchtturm von Vergi zu genießen. Die Einkehr in der rustikalen Landgaststätte Altja kõrts ist ein kulinarisches, gemütliches Erlebnis. Mit etwas Wetterglück genießen Sie die traditionellen Gerichte auf der Sonnenterrasse im Freien mit Blick auf die Fischerhäuser. Zudem können Sie auf Anfrage nach der Einkehr eine Nacht auf dem Parkplatz bleiben.

ALTJA - ALTJA KÕRTS

Stellplatzart: .... Restaurant
GPS: N59 34 55.5 E26 06 41.0
Adresse: .... Altja, an der 181
Tel.: .... +372 534 18513
mailto: .... altja@altja.eu
Homepage: .... www.palmse.ee/altja-korts
Zufahrtinfo: An der Küstenstraße 181 an der Ortsdurchfahrt Altja.
Kurzbeschreibung: Parkplatz gegenüber dem Restaurant. In der rustikalen Kneipe erhalten Sie traditionelle Gerichte wie anno dazumal. Das auf irdenem Geschirr servierte Essen ist richtig gut! Reservierung empfohlen!

ROUTE 3

Nun verlasse ich, zumindest vorläufig, die Ostsee und fahre etwas ins Landesinnere. Dort erwartet mich ein überaus schönes Naturerlebnis, und zwar der Biberlehrpfad sowie der Naturinformationspfad Oandu. Die Fahrt dorthin dauert nur wenige Minuten, bevor mein Wohnmobil jeweils am Fahrbahnrand steht und ich die Wanderstiefel schnüre. Der Parkplatz des Biberlehrpfades ist kaum übernachtungstauglich, der zweite Platz schon. Allerdings finden Sie bereits ein kleines Stück weiter einen einfachen, aber offiziellen Zeltplatz mit davor gelegenem Parkplatz - wählen Sie selbst.

P · WC

OANDU - OANDU LOODUSMETSA RADA

Stellplatzart: .... Parkplatz
GPS: N59 33 56.4 E26 05 58.6
Adresse: .... Sagadi, Oandu
Zufahrtinfo: Von Altja aus Richtung Sagadi halten (an der Gabelung rechts), dann durch den hellen Kiefernwald fahren, bis der Parkplatz schräg gegenüber einem Gehöft erreicht ist.
Kurzbeschreibung: Geschotterter Parkplatz mit Sitzbank, Trockentoilette und Informationstafel über den Lehrpfad.

P · WC

OANDU - OANDU TELKIMISALA

Stellplatzart: .... Rastplatz
GPS: N59 33 46.1 E26 05 47.2
Adresse: .... Sagadi, an der 181
Zufahrtinfo: Vom Oandu Wanderparkplatz an der Gabelung links halten (also geradeaus weiterfahren). Nach etwa 350 m liegt der Zeltplatz auf der linken Seite oberhalb des Oandu jõgi.
Kurzbeschreibung: Geschotterter Parkplatz vor der Zeltwiese. Dort mehrere Picknick- und Grillstellen und Trockentoilette. An der Abbruchkante zum Fluss hin sollten Sie etwas vorsichtig sein- Abrutschgefahr!

Der Biberlehrpfad

Bevor der Waldlehrpfad erreicht ist, erwartet Sie der kurze Lehrpfad über die baumfällenden Nagetiere. Neben der Fahrbahn liegt ein Parkplatz (**GPS** N59 34 19.4 E26 06 42.6), auf dem der Wagen gut steht. Die Wanderschuhe sollten - für beide Pfade - ein griffiges Profil haben. Stellenweise sind die Holzbohlen selbst bei schönem Wetter feucht und rutschig. Hier und da geht es auf sandigem Grund schon mal recht steil zur Sache. Doch keine Angst vor schwierigen Wegen, zumal kritische Passagen wie so oft mit Treppen entschärft wurden. (Bild eines Biberbaus vorige Seite).

Der 1 km lange Pfad führt durch den lichten Wald zum Fluss hinab, wo Sie einige Biberburgen nebst zugehörigen Informationstafeln finden werden. Einfacher Gehweg - Gehzeit ca. 1/2 Std.

Der Oandu Waldlehrpfad

Der gut markierte Weg verläuft teils auf Naturboden, teils auch auf Holzbohlen durch den herrlichen Märchenwald. **Vorsicht**! Diese sind nach Regen teils glatt wie Eis! 20 Informationstafeln entlang des Weges geben Aufschluss über die Zusammenhänge der Natur, die Flora und Fauna sowie über die Nutzung der Wälder. Das Gebiet war noch vor wenigen Jahren gesperrt. Man geht auch davon aus, dass einige Bären hier zu Hause sind. Beeindruckend sind die Wunden in der Rinde vieler Bäume, welche Elche verursachen, wenn Sie den Bast von ihren Schaufeln reiben oder sich im Winter an der Rinde gütlich tun - die Bäume sind dann häufig zum Sterben verurteilt, denn es gibt schlicht zu viele Elche hier. Auch interessant ist die Einritzung in einzelnen Bäumen, die einst zur Gewinnung von Harz dienten (Bild unten links). Sehr beeindruckend empfand ich auch, als wiederholt während meiner Tour Kranichformationen über mich herflogen. Länge 4,7 km, 1,5 Std. Gehzeit.

Als nächstes stehen mehrere interessante Schlösser auf dem Programm meiner Reise. Folgt man der Straße von Oandu weiter nach Sagadi, fährt man geradewegs auf das gleichnamige Schloss zu, dessen Geschichte bis ins 15. Jahrhundert zurück reicht. Es gilt als eines der besterhaltenen Schlösser des Landes. Es beherbergt das Waldmuseum der staatlichen Forstverwaltung mit Ausstellungen zur Jagd- und Forstwirtschaft und zum Thema Umweltschutz.

Das herrschaftliche Gut mit noch zahlreichen, gut erhaltenen Nebengebäuden ist von einem schönen Park umgeben, der zum Spaziergang einlädt. Zum Gebäudeensemble gehört auch ein Hotel nebst Restaurant. **Öffnungszeiten/Info**: Das Museum ist von Mai bis September täglich von 10^{00}-16^{00} h offen (Tel. +372 325 8888, www.rmk.ee). Und erfahrene Fremdenführer bieten überdies geführte Naturerkundungstouren in den Lahemaa Nationalpark an - sowohl zu Fuß als auch mit dem Fahrrad.

SAGADI - GUTSHOF SAGADI

Stellplatzart: .... Parkplatz
GPS: N59 32 12.4 E26 04 53.6
Adresse: .... Sagadi, RMK Sagadi Forest Centre
Tel.: .... +372 676 7888
mailto: .... sagadi@rmk.ee
Homepage: .... www.rmk.ee
Zufahrtinfo: Von Oandu kommend fahren Sie in südlicher Richtung genau auf das Hofgut zu. Biegen Sie rechts und am Ende der Schlossmauer gleich wieder links ab, um auf den Parkplatz zu gelangen.
Kurzbeschreibung: Geschotterter Parkplatz neben dem Schlossareal ohne besondere Ausstattung. Nebenan das rekonstruierte Gutsschloss mit einem Restaurant im I. OG. Sehr schöner Park in der Nachbarschaft, der zu einem Spaziergang einlädt.

Folgt man der Straße von der Einmündung her gesehen rechts ab, so gelangt man nach einigen Minuten Fahrzeit zum **Hofgut Palmse**. Das früher der (übrigens heute noch sehr angesehenen) Adelsfamilie von Pahlen gehörende Gut blieb auch während der Wirren der Revolution und während den Besatzungszeiten in einem guten Zustand erhalten. Nun ist das Hauptgebäude als Museum zugänglich. Im Nebengebäude im traditionellen Baustil ist heute wieder eine rustikal-gemütliche Taverne untergebracht. In der ehemaligen Schnapsbrennerei befindet sich ein Hotel nebst gehobenem Restaurant. All das ist umgeben von einem weitläufigen Park. Für den Zutritt ins Schlossgelände mitsamt seinem vollständig restaurierten Ensemble historischer Gebäude wird eine Eintrittsgebühr (€ 6,00/Erw.) erhoben. Bei der Kneipe (Palmse Kõrts) stelle ich mein Wohnmobil auf den Parkplatz und genieße den Abend bei einem gemütlichen, regionalen Essen. Dies können Sie mir gleichtun. Wenn der Parkplatz nicht ausreichen sollte, parken Sie auf dem großen Platz gegenüber des Hauptportals zum Schloss, nur wenige Schritte entfernt. **Öffnungszeiten/Info**: Im Sommerhalbjahr (Mai-Sept.) täglich 10^{00}-19^{00} h, im Winterhalbjahr bis 18^{00} h.

Fährt man an der Einmündung nicht links, sondern rechts ab, liegt wenige Meter entfernt ein Wohnmobil-Stellplatz nebst Restaurant. Jedoch wurde mir während der Recherche bekundet, dass man wohl auch künftig Gäste mit Wohnmobile willkommen heißt, aber hierfür generell € 10,00 Gebühren erhebt. Im Grunde setzt man aber verstärkt auf den Restaurantbetrieb und wird den Stellplatz nicht weiter ausbauen bzw. bewerben (**GPS** N59 30 24.4 E25 57 43.3). So fühlte ich mich in der Taverne beim Schloss besser aufgehoben. Die gemütliche Einkehr dort blieb in Erinnerung.

PALMSE - GUTSHOF PALMSE

Stellplatzart: .... Parkplatz
GPS: N59 30 43.0 E25 57 14.2
Adresse: .... Palmse
Tel.: .... +372 324 0070
mailto: .... info@palmse.ee
Homepage: .... www.palmse.ee
Zufahrtinfo: Von Sagadi in südwestlicher Richtung weiterfahren. Nach 8,5 km ist die Einmündung erreicht, an der man rechts abbiegt und nach wenigen Metern beim Hofgut ankommt.
Kurzbeschreibung: Asphaltierter Parkplatz gegenüber des Hauptportals. Nebenan kleiner Lebensmittelladen und ein WC. Beim Schloss zwei Restaurants (Taverne und gehobenes Restaurant). Weiterer Parkplatz bei der Taverne (**GPS** N59 30 36.8 E25 57 37.7 -Bild unten links).

Nehmen Sie auf alle Fälle die Gelegenheit wahr, das Museum im Gutshof zu besichtigen und einen Spaziergang durch den großzügigen Park zu machen. Es ist beeindruckend, welche Pracht das Schloss ausstrahlt.

Einerseits könnte man verstehen, weshalb die arme Bevölkerung seinerzeit den Aufstand gegen die Adelsgüter probte. Andererseits genießt die Familie von Pahlen (und nicht nur diese) noch heute ein hohes Ansehen beim Volk. So hatte die Landbevölkerung einst einen wohltätigen Gutsherren. Sicher mussten auch die Abgaben entrichtet werden. Aber es bestand seitens des Guts immer eine Reserve für schlechte Zeiten, die dann verteilt werden konnte. Man verdankte den von Pahlens ein funktionierendes Schul- und Sozialsystem und vieles mehr.

Nebenan, in einem Nebengebäude, sollten Sie überdies das Informationszentrum des Nationalparks besuchen. Dort erhalten Sie umfassendes Informationsmaterial für Ihre Ausflüge in den Nationalpark und können die interessante Ausstellung zur Flora, Fauna und Geologie des Nationalparks besichtigen. **Öffnungszeiten/Info**: Täglich geöffnet 9^{00}-17^{00} h. www.rmk.ee.

Die Weiterfahrt führt zunächst zurück nach Sagadi und dort

geradeaus weiter. Bald taucht links eine Windmühle auf einem Hügel auf - das dritte wieder ansprechend hergestellte Schlossgut ist **Vihula** liegt etwas abseits der Straße in einer Senke. Auch dort gibt es ein Restaurant, einen Souvenirshop und vor allem auch einen Wellness-Bereich. Doch dem Gedanken, Wohnmobilen das Übernachten zu ermöglichen, wollte man nicht so recht nähertreten. Dennoch - es ist einen Versuch wert. Und sollte doch einmal schlechtes Wetter Sie verfolgen, können Sie schon mal Einlass ins Wellnes-Center begehren. Außerdem ist auch dieses Gut absolut ansehnlich hergerichet worden. Besonders sehenswert empfand ich die alte, wieder betriebsbereite Mühle, die von einem Wasserrad betrieben wurde (Bilder unten).

Nach dem Besuch habe ich die Gelegenheit genutzt und mich in Richtung Küste aufgemacht, um einen schönen Stellplatz zu finden, auf dem eine ruhige Nacht möglich ist.

Fündig wurde ich nicht weit entfernt in **Vainupea**. So fahre ich von Vihula 4 km in östlicher Richtung weiter, um dann nach Norden auf die 170 abzubiegen. Ich erreiche bald wieder die Küste, wo ich einen schönen Parkplatz am herrlichen Sandstrand aufsuche. In Vainupea geht die Reise durch den Lahemaa Nationalpark zu Ende. Das Kirchlein an der Zufahrt zum beschriebenen Platz steht malerisch an der Küste. Gegenüber liegt ein weiterer Rastplatz mit Picknickbänken, Grillstellen und Trockentoilette (**GPS** N59 34 58.2 E26 16 16.1).

P ≋ ⛱ WC VAINUPEA - RAND

Stellplatzart: .... Parkplatz
GPS: N59 35 08.9 E26 15 55.4
Adresse: .... Vainupea
Zufahrtinfo: Auf der 170 nach Vainupea fahren. Im Ort auf die Ausschilderung „Vainupea kabel“ achten (Kapelle von Vainupea). Vorsicht! Achten Sie auf die Bodenwellen, die zur Einhaltung der Zone 20 dienen.
Kurzbeschreibung: Asphaltierter Parkplatz am Leuchtturm, Mülltonne und Trockentoilette, Grillstellen.

Ein Stück weiter östlich steht die **Ordensburg Toolse** als reizvolles Ausflugsziel an der Küste auf dem Programm. Die Burg ist die dem Meer am nächsten gelegene ihrer Art, zugleich auch die jüngste Ordensburg. Einst markierte die **Tolsburg**, wie sie auf deutsch hieß, den nordöstlichen Eckpfeiler des Heiligen Römischschen Reichs Deutscher Nation. Nach einer bis ins 14. Jh. zurückreichenden, wechselvollen Geschichte wurde die Burg im Großen Nordischen Krieg anfangs des 18. Jh. zerstört.

In den Sommermonaten ist die Ruine frei zugänglich, wobei der etwas schräg stehende Mauerteil auf den ersten Blick keinen vertrauenserweckenden Eindruck hinterlässt. Bei genauerem Hinschauen ist das Mauerstück jedoch mit Stahlbändern und -stützen gesichert.

ROUTE 3

TOOLSE - TOOLSE LINNUS

Stellplatzart: Parkplatz
GPS: N59 31 53.3 E26 27 58.0
Adresse: Toolse, linnus
Tel.: +372 534 14433
mailto: linnus@svm.ee
Homepage: www@svm.ee

Zufahrtinfo: Folgen Sie von Vainupea der Küstenstraße in östlicher Richtung 13 km. Dann ist die Burg links ab ausgeschildert. Der Parkplatz wird über eine schmale Zufahrt erreicht.
Kurzbeschreibung: Kleiner Parkplatz vor der Landspitze mit der Ruine. Während Sommeröffnung vor der Ruine ein weiterer Parkplatz.

Vor der Ruine wurde ein nachgebautes Segelschiff aufgestellt, auf dem junge Gäste Piratenabenteuer erleben können. Von den Betreibern werden verschiedene Aktivitäten wie Schatzsuchen etc. organisiert. Weitere Info: www.svm.ee. Allerdings ist es ein Trugschluss daraus zu schließen, dass es sich um eine Piratenburg gehandelt habe. Vielmehr ist sie das Gegenteil - sie war zum Schutz der Verkehrswege zu Wasser und zu Land an dieser Stelle erbaut worden, schließlich liegt sie doch ein klein wenig erhöht auf einem kleinen Hügel und bot deshalb einen besonders guten Überblick. Geholfen hat es aber nichts - eine Ruine ist Toolse dennoch.

Auf der Weiterfahrt erreiche ich den kaum sehenswerten Industrieort **Kunda**. Einzige Sehenswürdigkeit wäre ein historischer Zementofen, der mich aber aufgrund des eher tristen Umfeldes nicht zu einem Besuch motivierte. So wähle ich die Weiterfahrt zur Autobahn und setze die Reise auf der Fernstraße zügig fort, um gut 15 km weiter ein weiteres Mal einen Halt auf einem schön über der Steilküste gelegenen Campingplatz einzulegen.

KÕRKKÜLA/ASERI - MEREOJA SEAVIEW

Stellplatzart: .... Campingplatz
GPS: N59 26 04.1 E26 57 15.3
Adresse: .... Kõrkküla
Tel.: .... +372 5908 4196
mailto: .... mereoja@mereoja.eu
Homepage: .... www.mereoja.eu
Zufahrtinfo: An der 1 links ab ausgeschildert (15,4 km nach Einmündung der 20 von Kunda her).
Kurzbeschreibung: 2014 neu angelegter Campingplatz mit modernem Rezeptionsgebäude/Sanitärausstattung. Oberhalb der Steilküste gelegen, unterhalb eigener Sandstrand. Spielplatz, Grillplatz/Picknickstelle mit mehreren Sitzbänken/Tischen.

PURTSE - PURTSE LINNUS

Stellplatzart: .... Parkplatz
GPS: N59 25 11.7 E27 00 42.1
Adresse: .... Purtse
Tel.: .... +372 514 6774
mailto: .... info@purtse.ee
Homepage: .... www.purtse.ee
Zufahrtinfo: Auf der 1 von Mereoja in östlicher Richtung fahren. Nach Überquerung des Purtse jõgi links abbiegen (ausgeschldert).
Kurzbeschreibung: Ebener, asphaltierter Parkplatz in Blicknähe zum historischen Schloss, das heute ein gutes Restaurant beherbergt. Dieses ist im Sommer geöffnet Di-Do 11^{0}-20^{00} h, Fr/Sa 11^{00}-21^{00} h und So 11^{00}-18^{00} h. (Bild unten links). **Öffnungszeiten**: Mai bis September.

SCHLOSS PURTSE

Der Bau des befestigten Wohnhauses wurde im Jahr 1533 unter der Herrschaft des Jakob van Taube begonnen. Es weist Stilelemente der Gotik und der Renaissance auf. Anfangs wurde es „Alt-Isenheim" genannt. Mehrmals ging die Burg in Flammen auf und wurde wieder aufgebaut. Die stärksten Zerstörungen erfolgten im Nordischen Krieg ging sie dann ins Eigentum der Familie Stackelberg über, die sie mehrfach umbaute. In den 1950er Jahren ließ der Verfall nur Ruinen übrig. Dann wurde der Wiederaufbau nach wissenschaftlichen Erkenntnissen geplant und 1987-90 umgesetzt. 1991 erhielt der „Neubau" den Titel „Bestes Bauwerk in Estland". (Bild unten links).

KOHTLA - SAKA MÕIS

Stellplatzart: .... Campingplatz/Restaurant
GPS: N59 26 17.4 E27 10 43.3
Adresse: .... Kohtla - Saka mõis
Tel.: .... +372 336 4900
mailto: .... saka@saka.ee
Homepage: .... www.saka.ee
Zufahrtinfo: Auf der 1 9 km ostwärts, dann links ab ausgeschildert.
Kurzbeschreibung: Großes Campingareal zwischen Hofgut und Steilküste. Gute Ausstattung der Stellplätze (15 von 30 Plätzen mit Stromanschluss, gepflegtes Restaurant im historischen Gutshof, WiFi. Öffnungszeiten: Mai - September. Preis/Fahrzeug: € 13,00/N pauschal. Frühstück und Sauna können gebucht werden.

ROUTE 3

Im weiteren Verlauf möchte ich noch den **Wasserfall Valaste** aufsuchen (Bild vorige Seite unten rechts). Die Kaskade - mit 33,8 m Fallhöhe die höchste Estlands - stürzt in einen Felskessel mit interessanten Sedimentschichten. Entstanden ist das Naturschauspiel vor 170 Jahren durch ein Hochwasser, das den Flusslauf des Valaste jõgi zur Felskante leitete und sich tief eingrub. Die Wendeltreppen, von denen man das Schauspiel beobachten kann, sind bis zu Ihrem Besuch hoffentlich wieder repariert.

Zum Schluss habe ich mit dem **Toila Spa Hotell** einen weiteren schönen Campingplatz mit Einkehr- und Wellnessangebot auf Lager, auf dem Sie die Route mit Genuss beschließen können - im Restaurant oder im Wellnessbereich der modernen Hotelanlage. Zudem sollten Sie sich eine Radtour oder einen ausgedehnten Spaziergang durch den weitläufigen Park nicht entgehen lassen, der sich entlang der Küste über das ehemalige Gutsgelände erstreckt, dessen Gebäude im II. Weltkrieg zerstört wurden.

VALASTE - WASSERFALL

Stellplatzart: .... Campingplatz
GPS: N59 26 38.0 E27 20 11.9
Adresse: .... Kothla, an der 133
Tel.: .... +372 332 8200
mailto: .... kohvik@valaste.eu
Homepage: .... www.valaste.eu
Zufahrtinfo: Auf der Küstenstraße 133 ostwärts fahren (ausgeschildert).
Kurzbeschreibung: Wohnmobil-Stellplätze neben dem Schnellrestaurant/Stromanschluss möglich, WiFi, Spielplatz, Picknickstellen. Mit pauschal € 10,00/N günstiger Preis. **Öffnungszeiten**: Mai-September.

TOILA - SPA HOTELL

Stellplatzart: .... Campingplatz
GPS: N59 25 35.0 E27 30 53.3
Adresse: .... Toila, Ranna 12
Tel.: .... +372 334 2900
mailto: .... info@toilaspa.ee
Homepage: .... www.toilaspa.ee

Zufahrtinfo: Auf der 133 ostwärts weiterfahren bis Toila.
Kurzbeschreibung: 22 Stellplätze auf Rasen zwischen Hotel und Küste mit Stromanschluss, gut ausgestattet und sehr gepflegt. Moderne Sanitärausstattung. Strom, Ver-/Entsorgung. Preis (2014): € 15,00/N pauschal inkl. Strom. SPA-Bereich Extrapreis. **Öffnungszeiten**: Mai-Sept.

Peipsi järv -Tartumaa -Süden

Mit dem Peipsi järv und der an Estlands größtem See verlaufenden „Zwiebelroute“ folgt ein Landstrich, der dünn besiedelt ist. Aber die Gegend hat einen ganz eigenen Charme. Diese Region wird hauptsächlich von den Altgläubigen bevölkert, einem russischen Volksstamm der seine eigene Sprache und Tradition bewahrt. Im Zarenreich waren die Leute über Jahrhunderte unterdrückt und wurden dann vertrieben. Tartu wiederum ist eine lebhafte, weltoffene Universitätsstadt, die man besuchen sollte. Südlich davon und später entlang der lettischen Grenze erstreckt sich ein abwechslungsreiches, sehr dünn besiedeltes Land - wenige kulturelle Attraktionen, aber eine äußerst schöne Naturlandschaft erwarten Sie zum Schluss.

Zum Peipsi järv (Peipussee)

Von Toila gelange ich über die 185 in südlicher Richtung zur 1, auf der ich ein Stück nach Westen fahre. Zunächst möchte ich, da die Möglichkeiten zum Einkauf auf der Strecke Richtung **Peipsi järv** dünn sind, nach Jõhvi und fülle meine Vorräte im Supermarkt im Zentrum auf. Dann starte ich auf der 33 Richtung Südosten, um mich nach 20 km beim Pühtitsa Jumalaema Uinumise Nunnaklooster (Kuremäe klooster) einzufinden. Das 1891 errichtete Kuremäe-Kloster im Zentrum von **Kuremäe** ist das einzige tätige russisch-orthodoxe Nonnenkloster Estlands.

KUREMÄE - Kuremäe klooster

Stellplatzart: .... Parkplatz
GPS: N59 12 9.8 E27 31 54.9
Adresse: .... Kuremäe, klooster
Tel.: .... +372 337 0715
Zufahrtinfo: Von Jõhvi her ein kurzes Stück auf der 33, dann auf der 32 weiter nach Kuremäe. An der Landstraße ist der Parkplatz rechts ab unübersehbar.
Kurzbeschreibung: Asphaltierter Parkplatz unterhalb des schon von weitem sichtbaren Klosterhügels mit den markanten Zwiebeltürmen der russisch-orthodoxen Klosterkirche. Am Parkplatz tagsüber WC sowie mehrere Souvenirstände. Mülleimer.

Kurzer Fußweg zur Heilquelle, bei der Einheimische in Scharen Wasser schöpfen und in Kanistern mitnehmen. Ob das immer aus Glaubensgründen ist, oder doch auch schon mal aufgrund der Qualität des kühlen Quellwassers, bleibt offen.

DAS NONNENKLOSTER KUREMÄE

Einer Überlieferung zufolge soll sich hier ein Wunder ereignet haben. Anschließend soll am Stamm einer Eiche eine Ikone gefunden worden sein. Der Ort galt fortan als heilig. Die Eiche bildet noch heute den Mittelpunkt des Klostergeländes. Man gründete das Nonnenkloster, das als einziges in Estland seither ohne Unterbrechung aktiv war. Es untersteht bis heute dem Patriarchat in Moskau.

Die heutige, prächtige Klosterkirche wurde 1891 erbaut, nach und nach auch die weiteren Gebäude, darunter ein Krankenhaus, ein Friedhof nebst Kapelle, ein Gästehaus und einige Wohn- und Wirtschaftsgebäude. Auf Anfrage bieten die Nonnen auch Führungen an, bei denen man auch Gebäude besichtigen kann, die der Öffentlichkeit nicht zugänglich sind.

Die oben schon erwähnte Quelle soll heilende Wirkung erzielen. Sie wurde am Fuß des Hügels eingefasst. Zahlreiche Menschen schöpfen dort das heilende Wasser in der Hoffnung auf dessen Wirksamkeit.

Auf der 32 fahre ich nach dem Besuch weiter in Richtung Süden, denn dort erwartet mich nach 26,5 km mit dem **Peipsi järv (Peipussee)** ein eindrucksvolles Reiseziel. Zunächst lande ich fast im äußersten Winkel des Landes, an der russisch-estnischen Grenze gelegen. Ein kleines Stück nur ist es zu fahren, bis

mich in **Vasknarva** eine weitere, eindrucksvolle orthodoxe Klosterkirche erwartet. Parken kann man auf dem Parkplatz davor (**GPS** N58 59 51.9 E27 44 4.9). Geht man um die Kirchenmauer nach rechts, steht man unvermittelt am Grenzfluss und kann auf der anderen Seite der

Narva den Anglern zusehen. Auf der linken Seite der Kirche, die ich verschlossen vorfand, gelangt man ins Dorf und durch dieses hindurch. Nach dem estnischen Grenzposten kann man am Ufer entlang wandern, was ich jedoch, die Ereignisse und Spannungen der Ukraine-Krise im Hinterkopf, vor allem aber aufgrund eines regnerischen Tages, auf einen kurzen Spaziergang beschränkte.

Der Tag neigt sich dem Ende entgegen und ich suche ohnehin einen schönen Stellplatz. Zunächst gondle ich ein ganzes Stück am Nordufer des Sees entlang, ohne irgendwelche Besonderheiten zu entdecken. Die Route führt durch endlos erscheinenden Wald. Alle Parkbuchten, die links in den Dünen bestehen, wurden durch Steine versperrt - dank denjenigen, die meinten, mit Fahrzeugen am besten direkt an den herrlichen Sandstrand fahren zu müssen. So muss ich an **Alajõe** vorbei 25 km fahren, um einen schönen RMK-Platz zu entdecken. Bei einer früheren Recherche übernachtete ich hier ruhig und nutzte die Gelegenheit zum ausgedehnten Strandspaziergang.

Ein weiterer, vergleichbar ausgestatteter Platz findet sich weiter westlich. Und dort befindet sich der Parkplatz auch gleich auf der richtigen Seite der Straße. So wähle ich diesen für eine Nacht am Peipsi järv - in der freien Natur, wo Fuchs und Hase sich Gute Nacht sagen, jedenfalls jetzt im September. Im Hochsommer geht es nach meiner Erfahrung wesentlich lebhafter zu. Schön ist es aber zu jeder Jahreszeit hier. Vom RMK-Rastplatz stapfe ich durch die Dünen zum See - und wähne mich prompt wieder am Meer. Hatte ich mich nicht schon vom Meer verabschiedet? Und jetzt genieße ich die Ruhe und das Rauschen der Wellen. Endlos verliert sich die Wasserfläche am Horizont. Das Ufer ist gesäumt von feinstem Sand - herrlich!

INHALT

DER PEIPSI JÄRV (PEIPUSSEE) - ALTRUSSISCHE DÖRFER - ZWIEBELROUTE

Mit einer Länge von 140 km, 50 km Breite und einer Fläche von mehr als 3.500 km² ist der See etwa acht mal so groß wie der Bodensee. Er hat 30 Zuflüsse. Den Abfluss bildet die Narva. Große Uferbereiche sind gesäumt von feinen Sandstränden, was das Gefühl vermittelt, am Meer zu sein. Im mittleren Bereich nennt sich der See Lämmi järv (Warmer See) und südlich davon Pihkva järv (Pleskauer See), wobei letzterer überwiegend auf russischem Territorium liegt.

In die Route eingebunden habe ich den nördlichen Teil, also den Peipsi järv. Dieser Bereich wird von Menschen altrussischer Herkunft bevölkert, die sowohl als Fischer tätig sind als auch auf den fruchtbaren Böden Obst und Gemüse anbauen. Nicht umsonst ist es ein Genuss, entlang der „**Zwiebelroute**" zu fahren. Dort werden geräucherter und frischer Fisch, aber auch Zwiebeln, Obst und Gemüse an oft kilometerweit aneinander gereihten Marktständen am Straßenrand feilgeboten.

P ≈ WC UUSKÜLA - TELKIMISALA

Stellplatzart: .... Rastplatz (RMK)
GPS: N59 00 00.0 E27 18 06.8
Adresse: .... Uusküla, an der 111
Zufahrtinfo: 25,4 km westlich der Einmündung der 32 in die 111.
Kurzbeschreibung: Im Wald verstreut angelegte Picknick- und Grillplätze, Trockentoiletten, Pumpbrunnen (Wasserqualität nicht geprüft!). Ein Fußweg führt jenseits der Straße durch die bewaldeten Dünen zum Sandstrand (Bild vorige Seite unten).

P ≈ KAUKSI - SUPELRAND

Stellplatzart: .... Parkplatz
GPS: N58 59 29.4 E27 13 32.0
Adresse: .... Kauksi, supelrand
Zufahrtinfo: Kurz vor Einmündung der 111 in die 3 links ab ausgeschildert.
Kurzbeschreibung: Gebührenpflichtiger Parkplatz (Gebühr wird in der Hauptsaison 9^{00}-18^{00} h kassiert (€ 2,00/Bus € 8,00). Strandaufsicht.

P ≈ WC KAUKSI - RMK-PLATZ

Stellplatzart: .... Rastplatz
GPS: N58 59 15.9 E27 12 40.3
Adresse: .... Kauksi
Zufahrtinfo: Etwa 1 km nach der Ausschilderung Supelrand wiederum links ab ausgeschildert.
Kurzbeschreibung: Parkplatz im Kiefernwald. Auch dieser Platz ist gebührenpflichtig (Kassenhäuschen, während Hauptsaison besetzt). Kurzer Fußweg durch die Dünen zum makellosen Sandstrand. Picknickstellen, Trockentoilette.

ROUTE 4

In Kauksi finden Sie zudem den Campingplatz Kuru Puhkemajad auf Privatgelände (ehemaliger Bauernhof - **GPS** N59 00 13.0 E27 17 30.8, Tel. +372 529 5088, etwa 500 m landeinwärts, also nördlich der 111 gelegen). Den Platz konnte ich leider nicht besichtigen, da er bereits geschlossen war. Doch machte die Anlage einen guten Eindruck.

Zunächst nutze ich die Fernstraße 3 über **Tammispää** nach **Mustvee**. Dort im Zentrum findet sich ein Parkplatz, der mir übernachtungstauglich erscheint (**GPS** N58 50 52.1 E26 56 56.0, Narva tee). Doch wirklich ruhig ist der Platz eher nicht.

Wo es möglich ist, versuche ich auf Nebenstrecken abseits der Schnellstraße am See entlang zu fahren, denn hier ist die Zwiebelroute erreicht. Die **russischen Dörfer Raja, Kükita,Tiheda, Kasepää, Omedu, Sääritsa, Ranna, Kolkja, Kasepää, Varnja der Altgläubigen** reihen sich am Ufer wie Perlen auf. Oft meint man, mehr Obst- und Gemüsestände zu sehen, als Häuser. Die Freundlichkeit der Verkäuferinnen, meist landestypisch mit Kopftuch, ist groß. Sie freuen sich, wenn man einkauft. Nur besteht meist eine Hürde - die Sprache, aber auch historisch bedingte Zurückhaltung gegenüber Fremden. Hier spricht kaum jemand Fremdsprachen, zumindest nicht die älteren Menschen. Die junge Generation arbeitet auf dem Feld, auf Fischerbooten oder in Tartu. Doch es lohnt sich, bei den Erzeugern zu kaufen. Die Fotos von Peter Schuberth (vorige Seite und unten) machen deutlich, weshalb man von der **Zwiebelroute** spricht. In Kolkja und Varnja finden Sie Museen zur Tradition der Altgläubigen (Tel. +372 5392 2444).

Nun freue ich mich, dass ich beim früheren Gut **Rannamõisa** einen schön gelegenen, familiär geführten Campingplatz mit zuvorkommenden Besitzern finde. Dort verbringe ich eine ruhige Nacht, genieße den Morgenspaziergang am See und ziehe weiter.

RANNA - RANNAMÕISA PUHKEKÜLA

Stellplatzart: .... Campingplatz
GPS: N58 44 03.2 E27 05 34.0
Adresse: .... Ranna, Rannamõisa
Tel.: .... +372 5559 2975
mailto: .... rannamoisa.booking@gmail.com
Zufahrtinfo: Von der Küstenstraße (Straße 43) links ab ausgeschildert. Sichtbar ist schon von der Straße die Ruine der Windmühle.
Kurzbeschreibung: Rasenplatz zwischen dem nach Kriegszerstörung wieder aufgebauten Gutshof und dem Saunagebäude. Preis 2014: € 10,00 zzgl. € 5,00 je Person (inkl. Strom, Ver-/Entsorgung, Du/WC. Saunabenutzung bei Voranmeldung/Extrapreis möglich. Spielplatz (Bild unten).
Öffnungszeiten: Mai-September, außerhalb dieser Zeit auf Anfrage.

PUSI - WILLIPU KÜLALISTEJMAJA

Stellplatzart: .... Campingplatz
GPS: N58 38 41.4 E27 09 59.6
Adresse: .... Pusiküla
Tel.: .... +372 5695 5758
mailto: .... aivar.toomsalu@willipu.ee
Homepage: .... www.willipu.ee
Zufahrtinfo: Etwas südlich des vorigen Platzes links ab ausgeschildert. Zufahrt über eine kurze, aber gute Schotterstraße.
Kurzbeschreibung: Schöne Stellplatzwiese direkt am See, Sanitärausstattung modernisiert und gepflegt. Aufenthalts-/Fernsehraum. Preis 2014: € 10,00 / Wohnmobil, € 1,00 Strom, € 1,00 Dusche, Saunanutzung nach Anmeldung möglich (€ 13,00/Std.)

Tartumaa - die Region Tartu (Dorpat)

Nun schwenkt die 43 vom See weg Richtung **Tartu**. Doch brausen Sie nicht einfach durch - ich habe ein weiteres, sehenswertes Gutsschloss gefunden. Es ist nicht nur schön anzuschauen, sondern es bietet ein gutes Restaurant. Und nach der Einkehr besteht auch die Möglichkeit, über Nacht zu bleiben.

ROUTE 4

ALATSKIVI - LOSSI RESTORAN

Stellplatzart: .... Restaurant
GPS: N58 36 13.0 E27 07 41.8
Adresse: .... Alatskivi, Lossi 10
Tel.: .... +372 745 3874
mailto: .... alatskivi@lossirestoran.eu
Homepage: .... www.lossirestoran.eu
Zufahrtinfo: An der 43 in der Ortsdurchfahrt rechts ab ausgeschildert.
Kurzbeschreibung: Parkplatz außerhalb der Schlossmauer. Nach Einkehr im stilvollen Restaurant sind Sie auf Nachfrage auch über Nacht willkommen.

SCHLOSS UND SCHLOSSPARK ALATSKIVI

Sehenswertes Schloss, das der Bauherr Baron Georg von Nolcken 1876-85 in Anlehnung an Schloss Balmoral in Schottland (Sommersitz der Windsors) erbauen ließ. Es gilt als das eindrucksvollste neugotische Schloss im Baltikum. Das Schlossmuseum sollten Sie sich nicht entgehen lassen, um einen Eindruck von der prächtigen Anlage zu erhalten, zu der sich von Nolcken bei einer Reise nach Schottland inspirieren ließ. Öffnungszeiten/Info: Juni-August tgl. 11^{00}-19^{00} h; außerhalb dieser Zeit verkürzte Öffnungszeiten. Tel. +37 2745 3816, www.alatskiviloss.ee.

Der Schlosspark ist mit 130 ha der größte Park in Tartumaa. Er wurde zum Ende des 18. Jh. vom Gutsherrn von Stackelberg angelegt. Im Zuge der Besichtigung des Schlossmuseums sollten Sie die Aussicht von den Türmen und Terrassen auf Seen, die Kirche und die umgebende Landschaft genießen. Durch den Park mit alten, mächtigen Linden, Ahornen und Eichen können Sie auf dem markierten Weg einen eindrucksvollen Spaziergang machen.

Als nächstes steht die schöne Universitätsstadt **Tartu (Dorpat)** auf meinem Reiseplan. Sie gilt als kulturelle Hauptstadt des Landes. Mit der Stellplatzfrage ist es allerdings etwas problematisch, weshalb sich gerade der Zwischenaufenthalt in Altatskivi als Startpunkt anbietet. Und nach der Stadtbesichtigung können Sie dann im südlich der Stadt gelegenen Hotell Rehe Station machen. Dort hat man einen passablen Wohnmobil-Stellplatz eingerichtet. Mit den nachfolgenden Stellplatzhinweisen sollten Sie gute Alternativen haben, um die Stadtbesichtigung zu genießen.

P TARTU - TÄHTVERE SPORDIP

Stellplatzart: .... Parkplatz
GPS: N58 23 22.1 E26 42 18.4
Adresse: .... Tartu, Herne
Zufahrtinfo: Zunächst Richtung Tallinn, den Emajõgi überqueren, dann die zweite Straße rechts (Herne). Zum Ende fahren bis zum Parkplatz.
Kurzbeschreibung: Asphaltierter Parkplatz, leider nicht ruhig gelegen. Alternative: In S-Kurve über den Parkplatz hinweg fahren, danach gleich rechts ab zum Parkplatz am Oa Badestrand am Emajõgi (**GPS** N58 23 38.5 E26 42 20.6, dort ein geschotterter Parkplatz mit Bademöglichkeit.

P TARTU - HOTELL REHE

Stellplatzart: .... Wohnmobil-Stellplatz
GPS: N58 20 03.1 E26 42 33.2
Adresse: .... Tartu, Rehetare tee
Tel.: .... +372 730 7287
mailto: .... rehehotell@rehehotell.ee
Homepage: .... www.rehehotell.ee
Zufahrtinfo: Auf der Fernstraße 3 aus der Stadt fahren, an der Autobahnkreuzung auf die 2 Richtung Võru wechseln.
Kurzbeschreibung: Rasenplatz, teils geschottert vor dem Hotel. Restaurant auf Anfrage. Ver-/Entsorgung, Stromanschluss. Preis 2014: € 15,00. **Öffnungszeiten**: Ganzjährig.

ROUTE 4

Sehenswertes in Tartu

Die etwa 100.000 Einwohner zählende Stadt bietet einiges an Sehenswürdigkeiten, wobei die Ausdehnung des Altstadtbereichs überschaubar ist. Starten Sie am Rathaus, wo Sie auch die Tourist Information finden werden (Tel. +372 744 2111, www.visittartu.com). Davor erstreckt sich der schmucke Rathausplatz, auf dem der Brunnen mit dem innig knutschenden Pärchen auffällt. Restaurants und Cafés machen den Platz lebhaft und bunt.

Beim Rathaus rechts ab erreichen Sie das prächtige Universitätsgebäude - ein zweites Herzstück der Stadt sozusagen, denn der Hochschule verdankt die Stadt das Leben und die Weltoffenheit. Etwas weiter folgt die Kirche St. Johannes, die auf das Jahr 1323 zurückgeht. Berühmt ist die Kirche für die über 1.000 Terrakottafiguren, die auf einem Fries in der Außenwand stehen.

St. Johannes Kirche

Die küssenden Studenten

Das prächte Universitätsgebäude

Das Gotteshaus wurde im Krieg weitgehend zerstört, aber mit viel Bürgerinitiative und Unterstützung anderer Hansestädte wieder aufgebaut.

Die Stadt wird vom Domberg überragt, wo die Ruine einer dreischiffigen Basilika aus dem 13. Jh. steht. Das Gotteshaus wurde im Livländischen Krieg zerstört. Der Chor wurde zur Unibibliothek umgebaut und beherbergt jetzt das Geschichtsmuseum der Stadt. Die Türme dienen als Aussichtsplattformen. Über die Engelsbrücke - sie heißt so nach dem früheren Englischen Garten - gelangt man zu einer Bastion oberhalb des Pulverkellers, in dem sich heute ein Bierrestaurant befindet. Auf dem Hügel gibt es weitere Universitätsgebäude, darunter das Anatomium, die medizinische Sammlung. Nebenan verbindet die Teufelsbrücke die Hügel - sie ist dem russischen Zaren gewidmet. Eine Stadtführerin erzählte dies mit einem Schmunzeln, war es doch zu Sowjetzeiten eine versteckte Staatskritik, den Westen (Engelsbrücke/ Englischer Garten) mit Engeln, den russischen Zaren aber mit dem Teufel gleichzusetzen.

Eine weitere Bastion der Festung eröffnet einen schönen Überblick über die Altstadt, die über einen steilen Pfad wieder erreicht wird. Auf dem Rathausplatz beschließe ich den Rundgang im Café Pierre, auch wenn das alles andere als ein billiges Vergnügen ist. Hervorragende Qualität hat halt auch hier ihren Preis.

In den Südosten Estlands: Setomaa

Wie schon erwähnt, ist die Fernstraße 2 die Route meiner Wahl, um zügig vorwärts zu kommen. Unterwegs liegt, gleich nach der Stadt, der erwähnte Stellplatz am Hotell Rehe, und wenig später erwartet das Agrarmuseum in **Ülenurme** seine Gäste zur Besichtigung. Der Parkplatz (**GPS** N58 19 01.8 E26 43 15.5) wäre übrigens als Ausweichplatz auch für eine Übernachtung denkbar. Doch mich zieht es weiter.

Bald wechsle ich auf die links abzweigende 61, um so dem starken Fernverkehr aus dem Weg zu gehen. So komme ich zügig voran, bis ich nach gut 36 km bei **Põlva** einen interessanten Abstecher für Fans alter Autos und Verkehrstechnik habe.

DAS ESTNISCHE STRASSENMUSEUM

Das Museum wurde auf dem Areal der früheren Poststation **Varbuse** eingerichet. Es gibt Informationen zur alten Poststraße von Tartu nach Võru und zum estnischen Verkehrswesen insgesamt. Die Poststation hatte zunächst den Zweck, für den reibungslosen Handel zu sorgen. Dazu gehörte die Versorgung von Mensch und Zugtieren, weshalb ein Gasthaus und Ställe obligatorisch waren. Später wurde die regionale Straßenmeisterei hierher verlegt. Als diese nach Kanepi umzog, beschloss man, das Areal für das Museum zu nutzen, das im Juni 2005 eröffnet wurde.

Interessant ist die Zeitreise durch die Geschichte des Transportwesens. Auf einem sehr informativen Parcours wird die Geschichte des Verkehrswesens veranschaulicht. Zu sehen gilt es alte Straßenbautechniken aus schwedischer Zeit in Livland bis zur Gestaltung moderner Verkehrswege. Ein Wirtshaus (auch ein Autor muss gut versorgt werden - siehe Bild unten links) sowie Stallungen für die Pferde ist aufgebaut. Auch eine Tankstelle aus Sowjetzeiten für die späteren Benzinkutschen und vieles mehr ist zu entdecken. In einer Halle sind Fahrzeuge der Straßenmeisterei vergangener Jahrzehnte zu besichtigen.

Öffnungszeiten/Info: Juni-August Di-So 10^{00}-20^{00} h, Mai u. Sept. Di-So 11^{00}-18^{00} h, Okt-April Di-Sa 11^{00}-15^{00} h. Tel. +372 797 0790, http://muuseum.mnt.ee. Parkplatz **GPS** N58 00 54.2 E26 54 48.1, weiterer Parkplatz auf der anderen Straßenseite nach dem Wirtshaus. Zwar ist offiziell keine Übernachtungsgelegenheit gegeben. Auf meine Nachfrage wurde aber bekundet, dass man nach der Einkehr gerne freundlich nachfragen möge.

Die Versorgung von Kutscher und Benzinkutsche ist wichtig auf Reisen...

Auch bei schlechtem Wetter schön: Spaziergang im Schlosspark in Räpina

Wer sich noch etwas die Füße vertreten möchte, kann unterhalb des Museums in der Talsohle auf dem 4,5 m langen Tilleoru Wanderweg entlang des Ahja jõgi durch herrliche Wälder gehen. Sie sehen es mir sicher nach, dass ich aufgrund einsetzenden Starkregens darauf verzichtet habe, den Weg selbst auszuprobieren. Die Erwähnung des Weges wurde mir jedenfalls sehr ans Herz gelegt, er sei sehr schön.

ABSTECHER INS LAND DER SETUMAA - EIN GETEILTES LAND

Zurück an der Umgehungsstraße (62) von Põlva fahre ich nach **Räpina**. Dort ist es Zeit für eine Pause. Diese nutze ich für einen ausgedehnten Spaziergang entlang des Sees (Bild vorige Seite unten), wobei ich neben dem herrlichen Schlosspark auch die lutherische Kirche mit prächtiger Innenausstattung bewundere. Mein Wagen steht derweil am Rand des Parks am Parkplatz (**GPS** N58 05 47.4 E27 27 02.7, Räpina Loss, Pargi).

Von Räpina führt die 45 am **Pleskauer See** entlang nach **Värska**, wo Sie in der Tourist Information nachfragen können (ja sollten), ob angesichts der jeweils aktuellen politischen Entwicklung die Fahrt zum Setuma-Museum in **Saatse** sinnvoll ist. **Grund:** Für eine kurzes Stück fahren Sie **über russisches Territorium**. Das ist, wie mir deutlich gemacht wurde, durch einen Staatsvertrag mit Russland geregelt und völlig in Ordnung. **Keinesfalls aber dürfen Sie anhalten oder Fotos machen**. Sie wären überrascht, wie schnell Sie durch die russischen Grenztruppen entdeckt würden, deren Wachposten gut getarnt am Straßenrand sind.

Auf alle Fälle können Sie das **Seto talumuuseum in Värska** anschauen, ein informatives Freilichtmuseum über das bäuerliche Leben mit rustikaler Gaststätte im landestypisch erbauten Blockhaus. Der Parkplatz (**GPS** N57 56 34.4 E27 38 59.0) ist übernachtungstauglich und ruhig gelegen - Bild unten links aus dem Museum.

Ich habe mir die Mühe gemacht und bin nach **Saatse** gefahren. Das dortige Museum in den historischen Gebäuden der Schule des kleinen Weilers ist sehr interessant. Auch der dortige Parkplatz ist (auf Nachfrage im Museum) grundsätzlich übernachtungstauglich (**GPS** N57 53 10.0 E27 48 16.5).

Die Museen sind ganzjährig offen, im Winterhalbjahr mit reduzierten **Öffnungszeiten**: Värska Mitte Mai-Sept. Di-Sa 10^{00}-18^{00} h, So bis 17^{00} h, Winter bis 16^{00} h, So/Mo geschlossen. Saatse Di-Sa 10^{00}-18^{00} h, So 10^{00}-17^{00} h, Winter Di-Sa 12^{00}-16^{00} h.

ROUTE 4

Warum befasse ich mich hier mit den Seto? Sie sind ein geteiltes Volk. Nur etwa ein Drittel von Ihnen hatte das Glück, westlich des Pleskauer Sees und deshalb in Estland zu leben. Der Rest lebt in Russland. Familien wurden getrennt - ein Schicksal, das in Deutschland nicht unbekannt, aber weitgehend Vergangenheit ist. Deshalb versuchen die Seto, ihre Kultur hochzuhalten, sie pflegen ihre ganz speziellen Gesänge mit eigenartigen Kehlkopflauten und vieles mehr.

Damit den estnischen Grenzbeamten eine ungehinderte Fahrt möglich ist, wurde von Saatse eine neue Schotterstraße durch den Wald bis zur 63 gebaut (von Kolossova Richtung **Matsuri**). Dass der RMK auch an Urlauber denkt, sieht man an zwei schönen Park- und Picknickplätzen in der Abgeschidenheit der äußersten Ecke Estlands (**Parkplatz Pogandi järv GPS** N57 53 03.4 E27 42 10.9 bzw. **Lõunalaager** mit Picknick-/Grill-stellen und Parkplatz **GPS** N57 50 41.9 E27 38 21.2).

Auf der 63 fahre ich bis **Karisilla** (dort könnten Sie Ihre Route um den Abstecher Värska/Saatse abkürzen) und dann in westlicher Richtung (Ausschilderung Põlva) auf die 90. Ein ausgesprochen schöner Wanderweg (Teufelspfad) und zwei ebenso interessante Badeseen erwarten meinen Besuch.

Der Teufelspfad

Ich steuere den Wagen auf der 90 Richtung Põlva und biege nach 10,4 km links auf die Schotterstraße ab, die mich zum Wanderparkplatz führt, der nach 1,1 km erreicht ist (Straßenrand - **GPS** N57 57 25.6 E27 24 23.2). Teils auf Holzbohlen, teils auf Naturboden verläuft der Pfad ins Sumpfgebiet. Am Beginn des Wanderwegs stehen nette Holzskulpturen des Teufels. Einer Legende nach darf man den Namen des T... nicht in den Mund nehmen, sonst würde man zum Gehilfen des Gehörnten mit Hufen und Schwanz... Ungeachtet dessen ist die Markierung des Weges nicht immer ganz klar, weshalb ich die Wanderung nach Erreichen des Meteoritenkraters beende und zum Auto zurückkehre.

Wieder an der 90 zurück, sind es nur 3,7 km, bis Sie ein weiteres Mal links ab zu den genannten Badeseen gelangen.

VERIORAMÕISA - MUSTJÄRV (SCHWARZER SEE) RMK

Stellplatzart: .... Rastplatz
GPS: N57 56 04.2 E27 20 38.2
Adresse: .... Verioramõisa, Mustjärv
Zufahrtinfo: Bei Verioramõisa links ab und nach 4,8 km wieder links ab. Vorsicht! Die Zufahrt zum Rastplatz ist eng, aber für Wohnmobile < 7 m/< 2,30 m bei vorsichtiger Fahrweise gut befahrbar. Achtung! Hier und da ein paar Äste, die in den Weg hängen.
Kurzbeschreibung: Geschotterter Parkplatz im Wald am Seeufer. Picknick-/Grillstellen und Trockentoilette (kleine Bilder unten im Frühherbst).
Alternative: An der Zufahrt könen Sie bereits etwas früher schräg links ab zum Valgõjärv (Weißer See) abbiegen, wo sich ein weiterer Wanderparkplatz befndet - **GPS** N57 56 32.6 E27 20 56.1.

Bald verlasse ich die 90 und biege links auf die 65 ein, die nach Võru führt. Noch vor der Stadt biege ich links in die 2 ein und fahre in südlicher Richtung um die Stadt herum. Bei Verijärve geht es schräg rechts ab in Richtung Kasaritsa, wo ich mich links auf die 161 halte. In **Haanja** führt die Straße schräg links weiter. Mein Ziel: Heute möchte ich ganz hoch hinaus, so hoch, dass es (zumindest in Estland) gar nicht höher geht. **Suur Munamägi** heißt der höchste Berg Estlands.

Höchster Aussichtspunkt im Estland: Suur Munamägi (318 m)

ROUTE 4

Auf den Suur Munamägi

Als Schwarzwälder bleibt mir ein Schmunzeln nicht erspart, als ich von der Dame im Turm höre, dass die „Spitze der höchsten Erhebung des Baltikum“ 318 m hoch sei, zusammen mit dem Aussichtsturm sogar 346 m. In einem Prospekt steht sogar, man können dort oben die Wolken berühren. Und als ich dann am frühherbstlichen Morgen da oben stand, war es in der Tat so - die Wolken waren teils sogar tiefer oder auf gleicher Höhe.

So formuliere ich es nun um und starte vom Parkplatz kurz vor der Passhöhe meine „Bergwanderung“. Und dennoch - der Anstieg geht etwas an die Puste, wurde der Weg doch kerzengerade den Hang hinauf angelegt, und dies überwiegend asphaltiert oder in Form einer Treppe. Aber so ist das nun mal üblich hier, wenn es mal etwas steiler zugeht. Dafür gibt es eine sehr schöne Picknickstelle am Weg. Und es lohnt sich, auf den Turm zu steigen (wenn Sie mögen, auch mit dem Aufzug hinaufzufahren) und von oben die Aussicht zu genießen. Die Treppe hat den Vorteil, dass ein paar interessante Informationstafeln im Treppenhaus zu lesen sind.

Und als Alternative gibt es auch einen schönen Wanderweg, der mir etwas ansprechender erschien, als das Betonband durch den Wald. Am kleinen Teich nahe dem Parkplatz steht eine Informationstafel dazu.

P WC **HAANJA - SUUR MUNAMÄGI**

Stellplatzart: .... Parkplatz und Café
GPS: N57 42 54.5 E27 03 19.7
Adresse: .... Haanja - Suur Munamägi
Tel.: .... (Café) +372 5809 4113
mailto: .... info@johniapelsinike.eu
Homepage: .... www.johniapelsinike.eu
Zufahrtinfo: Von Haanja der Ausschilderung Suur Munamägi folgen.
Kurzbeschreibung: Kurz vor der Passhöhe links der Wanderparkplatz, von dem ein Naturpfad und der direkte Anstieg (siehe Wanderbeschreibung) starten. Ein paar Meter entfernt Trockentoilette. An der Passhöhe gutes Café. Die angebotenen Konditoreiwaren sind empfehlenswert! Beim Café gibt es einen weiteren Parkplatz (**GPS** N57 42 49.3 E27 03 17.8).

ROUTE 4

ABKÜRZUNG/VERBINDUNG NACH LETTLAND

Wenn Sie nun dem Sträßchen über die Passhöhe hinweg folgen und sich immer Richtung Süden halten, gelangen Sie durch einen herrliche Hügellandschaft über Villa und Rusmäe nach Murati, wo Sie auf die 7 rechts abbiegen können. Sie wechselt den Namen, sobald die Grenzstation hinter Ihnen liegt in A2 (E77) und führt über Cēsis/Sigulda nach Rīga. So, aber auch über Alūksne, können Sie in die Route 4 des M&AE Wohnmobil-Reiseführers Lettland einsteigen.

Ich fahre nach Haanja zurück, wo ich nach links Richtung **Rõuge** abbiege. Dort besteht die Möglichkeit, auf dem Parkplatz beim Informationszentrum mit einer Naturausstellung und Aussichtsturm Ööbikuoru-Center von Rõuge den Zündschlüssel zu ziehen (**GPS** N57 43 42.3 E26 56 18.7). Vom Aussichtsturm eröffnet sich eine schöner Blick über die Seenlandschaft rund um den Ort. Die Landschaft lädt zum Wandern ein. Ein Pfad ins Nachtigallental (Ööbikuorg) ist ausgeschildert. Wer dem Parkplatz einen Campingplatz vorzieht, wird kurz zuvor auch fündig (**GPS** N57 43 36.8 E26 56 18.0). Den Platz konnte ich nicht näher erkunden. Aber ein Blick von außen bestätigt, dass er gut ausgestattet ist und ein schönes Gelände bietet.

Doch habe ich mir als nächstes ein anderes Naturgebiet ausgesucht, den **Karula Nationalpark**. So sause ich auf der 67 in südwestlicher Richtung. Kurz nach **Mõniste** folgt die Schotterstraße rechts ab, die in Richtung des Nationalparkzentrums führt, wo ich wandern und später übernachten werde.

AHIJÄRVE - KARULA RAHVUSPARK INFOPUNKT

Stellplatzart: Parkplatz/Rastplatz
GPS: N57 42 44.7 E26 30 20.1
Adresse: Ahijärve
Tel.: +372 782 8350
mailto: karula.teabepunkt@rmk.ee
Homepage: www.rmk.ee

Zufahrtinfo: Von der 67 in Höhe Saru rechts ab ausgeschildert. 13 km sehr gute Schotterstraße, dann links ab ausgeschildert.
Kurzbeschreibung: Geschotterter Parkplatz beim Infocenter/Naturausstellung. Hier erhalten Sie gutes Kartenmaterial für Ausflüge. Fährt man an der Gabelung vor den Gebäuden rechts, folgt ein weiterer Parkplatz (Bild), **GPS** N57 42 46.5 E26 30 15.5).

ROUTE 4

DER KARULA NATIONALPARK

Es handelt sich mit 123 km² um den kleinsten Nationalpark Estlands, aber er bietet eine sehr schöne, schützenswerte Landschaft mit tiefen Wäldern, offenen Flächen und zahlreichen Seen. Charakteristisch ist seine Grundmoränenlandschaft aus der letzten Eiszeit.

Auch wenn der Name „Karula" übersetzt „Bär" heißt - von dieser Gattung finden Sie kaum welche hier. Dafür aber zahlreich Elche, Wölfe und Luchse, Rehe und Hirsche. Und bei den vielen Seen fühlen sich Otter, Biber und viele andere Säugetiere s...wohl. Apropos - Wildschweine gibt es natürlich auch. Die Vogelwelt ist eben so artenreich: Schwarzspechte und Schwarzstörche, Reb- und Auerhühner und viele mehr kommen vor. Ähnlich vielfältig ist die Pflanzenwelt. Darunter sind 19 Orchideenarten.

All das ergibt sozusagen ein herrliches Finale für die Reise durch Estland, die sich bald dem Ende entgegen neigt.

Auf dem Ahijärve Wanderweg

Aus dem vielfältigen Netz von Wanderwegen habe ich mir den Wanderpfad am **Ahijärv** ausgesucht, dem größten See des Nationalparks. Der Weg ist bequem vom Wohnmobil aus zugänglich und ergibt mit 4 km Länge eine gemütliche, aber landschaftlich reizvolle Tour. Zunächst folgt der stellenweise sumpfige Pfad der Uferlinie am Rand dicker Schilfgürtel, führt an der abgebrannten Mühle vorbei zu einem Rast- und Grillplatz und einer Badestelle. Kurz nach dem nördlichsten Punkt, wo Sie die schönste Aussicht genießen, geht es in den hügeligen Wald, auf einer Forstraße weiter nach rechts und im weiteren Verlauf zur Schotterstraße und bei der Häusergruppe Männituka zum Ausgangspunkt zurück (Gehzeit etwa 1 1/2 Std).

Vom See fahre ich ein Stück nach Norden und biege links Richtung Valga (lettisch Valka) ab. Doch ich habe mir noch einen letzten schönen Campingplatz in Estland ausgesucht und halte mich bei **Lüllemäe** rechts ab auf die 114, die nach knapp 12 km zum Ziel führt. Kurz vor **Iigaste** folge ich rechts ab zum landschaftlich sehr schön und ruhig gelegenen Campingplatz Kalda talu ab.

IIGASTE - KALDA TALU

Stellplatzart: .... Campingplatz
GPS: N57 49 48.8 E26 16 43.5
Adresse: .... Iigaste
Tel.: .... +372 767 0512
mailto: .... puhkekeskus@msn.com
Homepage: .... www.kaldatalu.ee

Zufahrtinfo: Auf der 114 Richtung Iigaste, kurz zuvor rechts ausgeschildert. Zufahrt gut befahrbarer Schotterweg.

Kurzbeschreibung: Auf dem früheren landwirtschaftlichen Gelände hat der Deutsche Ulrich Altkirch nach seinem Umzug 1994 einen schönen Campingplatz gestaltet. Gute Sanitärausstattung, Sauna, Pub und herrliche Spazierwege und Radtouren. Kanuverleih fürs Paddeln auf dem Emajõgi. **Öffnungszeigen**: Mai-September. **Einkehrtipp**: Im Ort das Restaurant Rukki Maja (Roggenhaus), tgl. 11^{00}-22^{00} h. Dort werden regionale Gerichte serviert, weshalb Ulrich Altkirch das Restaurant sehr gerne empfiehlt.

ZUM ENDE DER REISE

Die meisten von Ihnen werden von hier den Weg über den **Gauja Nationalpark** wählen, sofern Sie über Polen oder mit der Fähre (Klaipėda/Liepāja/Ventspils) abreisen (Siehe M&AE Wohnmobil-Reiseführer Lettland).

Nun heißt es, so langsam die Heimreise zu planen. Ich beendete frühere Reisen durch Estland mehrfach in **Valga**, wo ich nach Lettland und von dort in den Gauja-Nationalpark wechselte. Valga (der lettische Teil heißt **Valka**) selbst ist kaum sehenswert, war die geteilte Stadt doch im Krieg stark zerstört worden. Vielleicht möchten Sie aber noch Einkäufe tätigen.

Die Reise über **Tõrva**, **Karksi-Nuia** und **Kilingi-Nõmme** ist für diejenigen von Interesse, die In Richtung Pärnu oder Ainaži reisen. Ein paar Höhepunkte hat diese Route noch zu bieten. Besonders erwähnen darf ich die sehenswerte Kirchenruine etwas südlich von **Helme** (kurz nach Tõrva) mit kleinem Picknickplatz (**GPS** N57 59 43.6 E25 53 00.4). Die kleine Nebenstraße führt in weitem Bogen über **Taagepera** (dort ein sehenswertes Schloss) zur 6 zurück. Einen sehenswerten Abstecher können Sie dann in **Halliste** einfügen, wo sich bei der stattlichen Kirche ein großer, übernachtungsgtauglicher Parkplatz befindet (**GPS** N58 09 19.2 E25 26 06.0). Biegen Sie bei **Karksi** schräg rechts ab und folgen dem Seeufer nach **Halliste**, wo es links ab weitergeht. Die Kirche befindet sich südlich des Ortsausgangs.

Und dann sind es auf der 6 noch gut 50 km ohne wichtige Sehenswürdigkeiten zur 4/E67 bei **Uulu**. Die Fernstraße führt nördlich nach **Pärnu** und südlich nach Lettland. Es bleibt mir zu hoffen, dass Sie die Reise durch Estland und meine Routenvorschläge genossen haben.

Und nun wünsche ich Ihnen eine gute Heim- oder Weiterreise!

Nützliche Infos von A-Z

Lesen Sie die Infos von A-Z und die Einleitung zum Buch bitte aufmerksam. Beherzigen Sie diese im Sinne Ihrer Urlaubsregion, deren Einwohner - und im eigenen Interesse. Schließlich möchten Sie einmal wiederkommen und Estland dann erneut in all seiner Schönheit und Natürlichkeit erleben.

Abwasserentsorgung

In Estland ist die Ver- und Entsorgung in den vergangenen Jahren wesentlich verbessert worden. Was es allerdings nicht gibt, sind Wohnmobil-Stellplätze mit entsprechenden Vorrichtungen, wie wir sie in Mitteleuropa kennen. Die Entsorgung Ihres Grau- und Abwassers ist deshalb nach meiner Erfahrung fast ausschließlich auf Campingplätzen möglich, die in den vier Routen beschrieben werden.

Keinesfalls sollten Sie den Wohnmobil-Tourismus in Verruf bringen, weil das Spülwasser über die Parkfläche läuft und dem Nachbarn Zeugnis hinterlässt, was noch kurz zuvor an Resten auf Tellern und in Töpfen blieb. Ein dauerhaft offener Absperrhahn des Grauwassertanks oder ein „Eimer ohne Boden" sind **tabu**! Es wäre eine Unverschämtheit, das Abwasser einfach so auf den Asphalt und damit den Nachbarn vor die Füße plätschern zu lassen.

Wenn es dennoch einmal gar nicht vermeidbar ist, sollten Sie das Wasser „diskret" auf Brachland oder auf Naturboden ablassen, nach Möglichkeit in ein Loch, das Sie zuvor ausgehoben haben. Den Rest regelt Mutter Natur mit ihren Bodenbakterien - **wenn Sie keine (ohnehin weitgehend unnütze) Chemie in den Abwassertank gegeben haben**.

Grundsätzlich sollten Sie einen fest installierten, ausreichend großen Abwassertank im oder am Fahrzeug haben. Die Ablaufleitung rangiert man über den Gully der Entsorgungsstelle. Da diese jedoch häufig nicht über einen Gully verfügen, sollten Sie einen Schlauch (wenigstens 1-2 m Länge) an Bord haben, den Sie an den Ablaufhahn des Abwassertanks anschließen können, um das Abwasser in den Ausguss abzulassen.

Oder Sie behelfen sich mit einem zum Abwasserkanister umfunktionierten Faltkanister oder einem Eimer (mit Boden!), der ans Abflussrohr angehängt und bei Bedarf zur Abwasserstation gebracht wird. Haben Sie eine herausnehmbare Abwasserkassette auch fürs „Grauwasser", haben Sie da kein Problem.

Die Entleerung der Campingtoilette ist kritischer als beim 'Grauwasser', das im Normalfall ja weder hygienisch noch chemisch bedenklich ist. Viele von uns sind es gewohnt, der Kassette Chemikalien beizugeben, die unangenehme Gerüche vermeiden. Das erledigt die Chemie auch erfolgreich, indem sie alle Bakterien abtötet, die für den natürlichen Zersetzungsprozess nötig sind. Und wo es keinen Zersetzungsprozess gibt, entstehen auch die daraus resultierenden Gerüche nicht. So weit, so gut! Doch es gibt dicke **Nachteile:** Auch in der Kläranlage und im Boden, wo die Bakterien gebraucht werden, leisten die Chemikalien ganze Arbeit.

Wie also umweltgerecht entsorgen? Sie werden für die Entleerung Ihrer Toilette auf Campingplätze zurückgreifen müssen, wo Sie mittlerweile flächendeckend Entsorgungsstationen finden. In absoluten Notfällen wäre es noch denkbar, den Klappspaten zu zücken und ein wenigstens 50 cm tiefes Loch zu graben, in das Sie den Toiletteninhalt kippen. Oder Sie nutzen fürs Entleeren der WC-Kassette eine Trockentoilette. Dort nämlich geschieht nichts anderes, als dass alles in einem tiefen Loch landet, das von Zeit zu Zeit entleert wird bzw. dessen Inhalt sich auf natürliche Weise zersetzt.

DOCH DABEI IST EIN WICHTIGER EINWAND ZU BEACHTEN: Keinesfalls darf eine Campingtoilette, die mit WC-Chemikalien versehen ist, auf diese Weise entleert werden. Denn die Zusätze würden die fleißigen Bodentierchen töten und die natürliche Zersetzung verhindern, womit die Trockentoilette unbrauchbar wird. Im Erdboden tötet die Chemie auch wichtige Kleinlebewesen ab. Das ist zu vermeiden!

Rücksichtslos wäre es auch, den Inhalt oberflächlich zu entleeren, womöglich neben dem Parkplatz. Tabu ist auch das Entsorgen in ein Gewässer! Selbst das Ausschütten in einen Gully am Straßenrand müssen Sie sich zwei Mal überlegen - die meisten Kanalrohre landen nämlich auf dem direkten Weg im nächsten Bach, weshalb der Inhalt Ihrer Kassette Ihnen beim Baden am nächsten Tag nochmals begegnen könnte...

Praxistipp: Eine gute Wahl ist es deshalb, sich vor dem Urlaub eine „**Absauganlage**" einzubauen. Es handelt sich um ein kleines Gebläse, das die Zersetzungsgase aus Ihrer WC-Kassette beim Öffnen der WC-Klappe nach draußen befördert. Ihr Campinghändler hat solch ein Gerät vorrätig und kann es mit wenig Aufwand einbauen. Die Investition lohnt sich angesichts des gesparten Geldes für die WC-Chemikalien schnell! Und die Umwelt dankt es Ihnen.

Normalerweise sollten Sie ohne Chemie auskommen. Oft tut es auch etwas Schmierseife oder ein Löffel Essigessenz. Ganz wichtig ist vor allem das regelmäßige, möglichst tägliche Entleeren der Kassette. Warten Sie nie, bis die Füllstandanzeige „rot" zeigt. .

Anreise

Am wichtigsten erscheint es, rechtzeitig über die beste Anreiseroute nachzudenken. Fällt die Wahl auf eine Fährverbindung, ist frühzeitiges Buchen angesagt, seit insbesondere Polen eine LKW-Maut eingeführt hat und die Fährpassagen hierdurch attraktiver geworden sind. Die Fährtermine um die Wochenmitte sind hierbei weniger ausgebucht, als um die Wochenenden.

Bitte beachten Sie auch: Polen ist ein sehr schönes Reiseland, ebenso Litauen und Lettland, die auch am Weg liegen. Davon habe ich mich bei mehreren Reisen selbst überzeugen können. Doch es ist auch eine große Strecke, die lange Reisezeiten erfordert. Die Verkehrsdichte, leider auch die aggressive Fahrweise vieler rücksichtsloser Auto- und LKW-Fahrer auf den Hauptverkehrsachsen, empfand ich gerade in Polen recht unangenehm. Deshalb sollten Sie, wenn Sie etwas mehr Zeit haben, abseits der Hauptstrecken durch Polen reisen. Und für Litauen/Lettland empfehle ich dasselbe, wobei Sie dort auf die M&AE Wohnmobil-Reiseführer zurückgreifen können.

Eine entspannte, angenehme Alternative ist die Nutzung einer der Fährverbindungen. Von Deutschland aus können Sie (Stand 2014) die Dienste der **DFDS Seaways** (Kiel-Klaipėda) und der **Stena-Line** (Travemünde-Liepāja/Ventspils an Lettlands Westküste) nutzen und von dort nach Estland reisen. Oft traf ich auch Wohnmobilisten an, die eine Reise durch die baltischen Länder auf der Durchreise nach Skandinavien oder um die Ostsee machten. In diesem Fall gehören auch die Verbindungen Tallinn-Helsinki oder Stockholm dazu (verschiedene Gesellschaften).

Auto fahren in Estland

Die Straßen sind hinsichtlich Kapazität und Straßenbelag meist mit den Verkehrswegen in der Heimat vergleichbar. Doch finden Sie auch noch unbefestigte, enge Nebenstrecken mit Schotterbelag, wenn auch wesentlich seltener, als in Litauen oder Lettland, denn das estnische Straßennetz ist wesentlich besser. Dennoch sind vereinzelt auch in Estland die stark vom Schwerverkehr genutzten Hauptstrecken in einem - vorsichtig ausgedrückt - abgenutzten Zustand. Das bringt Schlaglöcher, Bodensetzungen mit entsprechenden Bodenwellen und durchgebrochene Betonplatten mit sich.

Doch auf Nebenstraßen ist die Verkehrsdichte wesentlich geringer, als wir es aus Mitteleuropa kennen.

Geringer ist auch der Schilderwald - man muss manchmal einen gewissen Orientierungssinn beweisen. Die Verkehrszeichen entsprechen der gewohnten europäischen Norm, wobei ein paar Besonderheiten zu entdecken sind, beispielsweise beim Belagwechsel.

Straßenzustand

Die Haupt- und Verbindungsstraßen sind meist gut ausgebaut. Als Autobahn bezeichnete Fernstraßen sind aber nicht immer mit den in der Heimat gewohnten 4- oder 6-spurigen Betonpisten zu vergleichen. In weniger verkehrsreichen Gegenden sind sie eher einer von zu Hause gewohnten Bundes- und Landstraße vergleichbar. Es gibt (selbst auf 4-spurigen Strecken!) Wendestellen oder die Möglichkeit, links abzubiegen. Das kreuzungsfreie Ein- und Ausfahren ist also nicht immer gesichert. Das ist bei starkem Verkehr kritisch und erfordert eine erhöhte Aufmerksamkeit! Auch auf den großen Hauptverkehrsstrecken gibt es Bushaltestellen. Oder ein Traktor wird zur Gefahrenstelle - Fußgänger und (wenn auch mittlerweile nur noch äußerst selten) ein Pferdefuhrwerk können somit selbst auf den Hauptstrecken vorkommen. An den Straßenrändern parken, besonders zur Pilz- und Beerenzeit, häufig Autos. Oft stehen Campingtische daneben, an denen das Gesammelte zum Verkauf angeboten wird. Daher ist es äußerst wichtig, umsichtig und unter Einhaltung des Tempolimits zu fahren.

Schotterstraßen/Nebenstrecken

Je nach Fahrzeugtyp sollte man die Auswahl dieser **Nebenstrecken** eingehend prüfen. In den Routenvorschlägen wird auf kritische Passagen mit einem entsprechenden Hinweis eingegangen. Im Grunde sind Schotterstraßen gut befahrbar, wenn man sich mit angepasster Fahrweise darauf einstellt und vorausschauend fährt. Achten Sie auf Schlaglöcher und „Waschbretter". Schlaglöcher kann es überall geben (auch auf Asphalt!). Waschbretter kommen verstärkt dort vor, wo vor allem schwere Fahrzeuge bremsen oder beschleunigen, also vor allem an Gefällen, Steigungen sowie vor und nach Kurven. Halten Sie Abstand zum Vordermann. Bei Gegenverkehr nehmen Sie das **Tempo herunter und fahren möglichst weit rechts**, damit Steinschlag vermieden werden kann. Das gilt besonders, wenn LKWs entgegen kommen oder man überholt wird.

Busverbindungen

Es gibt ein gutes und preisgünstiges Netz an Buslinien, was in der Nähe der Ballungsgebiete der Hauptstädte von Interesse sein dürfte, wenn der Bus (oder die Bahn) eine gute Alternative zur Fahrt in die Innenstädte ist.

Abblendlicht

Generell ist ganzjährig während der Fahrt das Abblendlicht einzuschalten.

Alkohol im Straßenverkehr

Dies bedeutet eigentlich keiner weiteren Erläuterung! Es ist immer besser, ohne Alkohol zu fahren. Dies wurde - unter Hinweis und mit der Begründung auf zahlreiche schwere Verkehrsunfälle wegen Alkohols - so auch festgeschrieben. Deshalb gilt: Promillegrenze = 0,00!

Ampelregelung

Die Farbfolge der Ampeln ist Grün - Blinkendes Grün - Gelb - Rot. Das blinkende Grün entspricht unserem „Gelb" und bedeutet: Anhalten!

Kraftstoff/Tanken

Das Tankstellennetz ist gut ausgebaut. Längere Strecken ohne Tankstelle gibt es kaum. Doch vor dem Befahren der dünn besiedelten Landstriche und Inseln sollte geschaut werden, es nicht auf den letzten Liter ankommen zu lassen. Tanken Sie lieber auch mal nur eine halbe Füllung auf, um nicht irgendwo in der Einsamkeit wegen Spritmangel hängen zu bleiben.
Bleifrei Super heißt 95E (Super Plus 98E), das aus grünen Zapfpistolen sprudelt, wobei das E für bleifreien Sprit steht. Bei Dieselkraftstoff ist es einfacher - er wird mit D bezeichnet oder ganz einfach mit „Diesel" und kommt aus schwarzen Zapfpistolen.
Alle angesteuerten Tankstellen akzeptierten die gängigen Kreditkarten, die Giro-/Maestro-Karte (früher: Eurocheque-Karte) und natürlich Bares.

Außerhalb der Öffnungszeiten steht manchmal, meist in Städten, ein Tankautomat zur Verfügung, der die Nutzung der Maestro- oder Kreditkarte (mit PIN) oder Banknoten erfordert. Freuen dürften Sie sich bei all dem, dass die Kraftstoffpreise um einige Cent günstiger als zu Hause sind.

Fahrzeug
Für Wohnmobile gibt es nichts Wesentliches zu berücksichtigen, was nicht auch in der Heimat beachtet werden muss. Es genügt, den **(EU-)Führerschein** und die **KFZ-Papiere** mitzuführen. Die **Grüne Versicherungskarte** wird empfohlen. Achten Sie darauf, dass die **Baltischen Staaten/Estland ausdrücklich aufgeführt sind** (im Zweifel bei der Versicherung nachfragen). Es empfiehlt sich zudem der **Abschluss eines Schutzbriefes**, damit im Fall der Fälle, den wir nicht erhoffen, kein großes Problem aus der Panne wird. Telefonieren im Auto ist nur mit einer Freisprechanlage erlaubt. In Estland gilt Warnwestenpflicht. Und von November bis März gilt Winterreifenpflicht (die bei Bedarf verlängert werden kann). Ein Feuerlöscher muss an Bord sein.

Kleinere Schäden am Fahrzeug können häufig vor Ort repariert werden. Es gibt ein dichtes Netz an Fachwerkstätten der gängigen Marken.

Für Steinschlagschäden hilft eine **Ersatzwindschutzscheibe** aus dem Zubehörhandel für ein paar Euro. Ein Luftdruckmesser ist sinnvoll, um die Reifen beobachten zu können. Wenigstens **1-2 l Motorenöl** zum Nachfüllen bei Bedarf machen auch Sinn, ebenso Abschleppstange/-seil und Werkzeug.

Parken
Es ist meist kein Problem, einen auch für Wohnmobile geeigneten Parkplatz zu finden. Wobei natürlich die ganz Großen auch hier (wie überall) Einschränkungen in Kauf nehmen müssen. Jeder Meter über die 6m-Klasse hinaus macht die Parkplatzsuche schwieriger, oft unmöglich. Aber das wissen Sie vermutlich selbst. In Ballungsgebieten finden Sie meist in Zentrumsnähe bewachte, immer häufiger stattdessen auch videoüberwachte Parkplätze.

Tempolimit
Innerorts gilt in ein Tempolimit von 50 km/h, außerorts 90 km/h und auf Autobahnen/Schnellstraßen 110 km/h. Das gilt für alle, die mit bis zu 3,5 t unterwegs sind.

Für Fahrzeuge > 3,5 t gilt: Sie müssen sich außerorts auf 70 km/h und auf Schnellstraßen auf 90 km/h beschränken.

Sicherheitsgurt
Ist Pflicht. Bei Kindern bis 12 Jahre zusätzlich ein zugelassenes Rückhaltesystem/Kindersitz, möglichst auf dem Rücksitz.

Baden und Wassersport

An den Seen im Binnenland und an den Stränden der Ostsee gibt es zahlreiche öffentliche Badestrände, sogar an den vermeintlich durch Privatgrundstücke „belegten" Ufern. Die Strände sind meist durch ein Schild oder Piktogramm gekennzeichnet und verfügen über Parkplätze, manchmal verbunden mit Picknick- und Zeltplätzen.

In touristisch gut erschlossenen Orten (in den Ballungsgebieten der Hauptstädte und an den Küsten) gibt es auch Frei- und Hallenschwimmbäder, die meist von Mai bis August geöffnet sind, Hallenbäder naturgemäß eher im Winterhalbjahr. Die Eintrittspreise sind niedriger als zu Hause.

Darüber hinaus werden in den Routenvorschlägen einige Heilbadeorte beschrieben, wo ein Rundum-Wohlfühltag eingelegt werden kann, zumal das günstiger ist als zu Hause.

An Seen und Flüssen finden Paddelbegeisterte außerdem zahlreich die Gelegenheit, Ihrem Hobby nachzugehen.

Campingplätze

Die Anzahl von Campingplätzen mit westlichem Standard ist binnen weniger Jahren stark verbessert worden. Meist ist die Sommer-/Hauptsaison der Campingplätze kürzer als zu Hause, sodass sie in der Regel nur von ca. Mai bis September (manchmal noch kürzer) geöffnet sind, einige auch ganzjährig.

Das Preisniveau ist für fast alle Plätze geringer, als wir es aus Mitteleuropa gewohnt sind. Kalkulieren Sie ca. € 10 bis15 pro Wohnmobil und Nacht inklusive 2 Personen, in Ballungsgebieten etwa € 5,00 mehr. Duschen und Stromanschluss werden teils separat berechnet, teils sind sie im Preis enthalten. Darauf gehe ich im Text ein, wobei hier Veränderungen nicht ausgeschlossen werden können, da in die Infrastruktur der Plätze stetig investiert wird und sich im Zuge dessen Preisanpassungen ergeben.

Es gibt zudem eine große Zahl „alter" Campingplätze/Zeltplätze, die teils kostenfrei, teils für wenig Geld genutzt werden können. Sie bieten meist nur Minimalausstattung mit Trockentoilette sowie Picknick- und Grillstellen, manchmal noch einen Pumpbrunnen (dessen Wasserqualität nicht immer einwandfrei ist). Die staatliche Forstverwaltung hat einige dieser Plätze neu angelegt. Dennoch sind sie oft kostenlos, manchmals gegen eine geringe Gebühr nutzbar. Diese Plätze bezeichne ich im Text als Rastplätze. In manchen Naturparks wird durch Ranger eine (geringe) Gebühr fürs Parken kassiert. Die Ausschilderung ist oft das links abgebildete Schild oder ein Holzschild mit dem Schriftzug RMK und dem Namen des Platzes.

Viele, aber nicht alle beschriebenen Campingplätze sind im Campingverband Estlands organisiert. **Informationsadresse** im Netz: **www.camping-estonia.ee**

Diplomatische Vertretungen

Botschaft der Bundesrepublik Deutschland
Toom-Kuninga 11
15048 Tallinn
mailto: info@tallinn.diplo.de - www.tallinn.diplo.de
Tel: +372 6275 300
Für dringende Notfälle außerhalb der Öffnungszeiten ist ein telefonischer Bereitschaftsdienst eingerichtet. Die Rufnummer lautet Tel: +372 5012 560.

Botschaft der Schweiz
Alle konsularischen Dienstleistungen werden ab dem 30. Mai 2011 durch das Regionale Konsularcenter Baltische Staaten in Riga erbracht, das der dortigen Schweizerischen Botschaft an folgender Adresse angegliedert ist.
c/o Embassy of Switzerland
Elizabetes iela 2, 1340 Riga/Latvia
Tel. +371 67 33 83 51
mailto: baltischestaaten@eda.admin.ch, www.eda.admin.ch

Eidgenössisches Generalkonsulat Tallinn
Consulate General of Switzerland
c/o Trüb Baltic AS
Laki 5, 10621 Tallinn (Estonia)
Tel. +372 658 11 33, tallinn@honrep.ch baltischestaaten@eda.admin.ch

Österreichische Botschaft Tallinn
Vambola 6, 5. Stock
10114 Tallinn (Estland)
Tel.: +372-62 787 40
mailto: tallinn-ob@bmeia.gv.at, www.bmeia.gv.at

Fahrrad fahren

Estland ist ein prima Ziel für Fahrrad-Fans! Durch die flachen, im Landesinneren auch hügeligen Landschaften ist das Fahrrad ein ideales Verkehrsmittel, um viel von Land und Leuten bei gemäßigter Geschwindigkeit zu erleben. Nebenstrecken sind in der Regel gut mit dem Fahrrad zu befahren, da es nur eine geringe Verkehrsdichte gibt. An den Küsten sind häufig auch spezielle Küstenradwege gebaut worden.

In den Nationalparks wird das Radwegenetz stetig erweitert. Die Ausschilderung ist (meistens) gut. Die Informationszentren der Nationalparks halten darüber gutes Karten- und Informationsmaterial bereit.

Fotografieren/Filmen

Estland bietet eine vielfältige Landschaft mit einer prächtigen, fast unberührten Natur. Die alten Städte, Burgen und Schlösser geben ebenfalls unzählige Motive für schöne Fotos her.

Deshalb sollten Sie sich von zu Hause genügend Speicherkarten für Ihre Digitalfotos mitnehmen oder die Möglichkeit haben, Bilddateien auf Ihren Laptop oder andere geeignete Speichermedien zu laden.

In den größeren Städten finden Sie gut sortierte Fotogeschäfte. Jedoch sind die Preise nicht günstiger als zu Hause und das Angebot dünner.

Wenn Sie sich noch zu den Freunden der Analogfotografie zählen, sollten Sie genügend Filme mitnehmen, denn hierfür finden Sie kaum noch Geschäfte.

Ein Polfilter lässt die Farben noch brillanter werden. Und ein Reinigungsset für Ihre Kamera leistet gute Dienste, denn Staub, Sand und Salzwasser setzen Kamera und Gehäuse ordentlich zu. Daher ist eine gute Fototasche unbedingt zu empfehlen.

Freie Übernachtung/Sicherheit

Es gibt, wie unter „Campingplätze" erwähnt, in Estland viele einfache Zelt- und Picknickplätze. Dort ist es gängig, zu zelten oder mit Wohnwagen und Wohnmobil zu stehen. Ausgeschildert sind die Plätze mit dem nebenstehenden Verkehrszeichen oder einem Hinweisschild des RMK (staatliche Forstverwaltung). In den National- und Naturparks ist das „wilde Camping" nur an ausgewiesenen Plätzen zulässig. Außerhalb wird in der Praxis auch auf geeigneten öffentlichen Parkplätzen die freie Übernachtung für eine Nacht meistens toleriert.

Häufig finden sich auf Picknickplätzen **Trockentoiletten**, die leider oft als Mülleimer missbraucht werden. Nach und nach werden diese durch Chemietoiletten (Dixi & Co.) ersetzt.

Selbstverständlich dürfte sein, Abfälle nicht liegen zu lassen. Bitte nehmen Sie diese wieder mit und entsorgen Sie den Abfall in die aufgestellten Mülltonnen, die Sie meistens vor Ort, aber auch bei Supermärkten finden. Herumliegender Müll ist nicht nur für uns Menschen unansehnlich und unhygienisch. **Für Wildtiere ist er eine tödliche Gefahr mit qualvollen Folgen!**

Ein unter Reisenden viel diskutiertes Thema sind die in Estland oft auf diesen freien Stellplätzen/Picknickplätzen stattfindenden lautstarken Feste, besonders an Wochenenden im Sommer. Da und dort kann es einem schon mal unwohl sein, wenn der Lautstärke- und Alkoholpegel steigt. Dies kann das Naturerlebnis deutlich beeinträchtigen. Allerdings möchte ich deutlich darauf hinweisen, dass ich niemals gravierende Belästigungen oder gar Bedrohungen erleben musste.

Beachten Sie aber, dass Sie die Gäste sind, nicht umgekehrt. Es hat in Estland Tradition, ausgelassen in der Natur, speziell auf diesen Picknickplätzen zu feiern. Es wurde mir mehrfach erläutert, dass man die jahrzehntelange Unterdrückung und Bevormundung satt habe und nicht alles und jedes zu reglementieren versuche.

Im Zweifel sollten Sie etwas abseits stehen. Ein Lächeln oder nachbarschaftlicher Gruß (vielleicht das Mitfeiern) helfen mehr, als Einheimischen sagen zu wollen, wie sie sich zu verhalten haben. Mehrfach schon wurden meine Familie und ich schon spontan zum Grillen eingeladen und verbrachten dann einen herrlich lustigen Abend mit Einheimischen.

Mit Blick auf Ihre **Sicherheit** ist es an der Zeit, mit überholten Klischees aufzuräumen. Selbstverständlich sollten Sie die grundlegenden Sicherheitsvorkehrungen ergreifen, wie in anderen Ländern auch. Dann sind Sie in Estland jedoch genauso sicher, wie anderswo. Wenn Ihnen Negatives zu Ohren kommt, sind das Ausnahmen. Und wie überall sonst, gibt es auch hier in Ballungsräumen verstärkt die Tendenz zur Klein- und Beschaffungskriminalität. Doch habe ich mich insgesamt nirgends unwohler oder unsicherer gefühlt, als in anderen Reiseländern auch.

Frischwasser

Auch hier gilt die EU-Trinkwasserverordnung. Doch macht es immer Sinn, zur Bewahrung der guten Wasserqualität, dem Frischwassertank ein Entkeimungsmittel auf Chlorbasis (Desinfektion) und/oder mit Silberionen (zur längeren Haltbarkeit) beizugeben.

In den Routenbeschreibungen gehe ich auf Wasserentnahmestellen ein. Erwarten Sie aber kein Angebot, wie Sie es von zu Hause gewohnt sind. Meistens finden sich die Zapfstellen auf Campingplätzen. Hier und da wurden auch Quellen eingefasst oder Sie finden öffentliche Trinkwasserbrunnen. Wenn ich solche entdeckt habe, sind diese im Routentext erwähnt.

Die Nachfrage an der Tankstelle führt eher selten zum Ziel. Die Leute trinken auch dort nur Mineralwasser, das im Supermarkt in 5-Liter-PET-Flaschen gekauft wurde. Wasserhähne sind an der Tankstelle häufig nicht vorhanden oder sind nicht für Trinkwasser geeignet. Doch bin ich - auch bei mehreren wochenlangen Reisen - durchweg ohne die Flaschen aus dem Supermarkt hingekommen. Ich habe nur eine Flasche als „Notreserve" gekauft und ansonsten jede sich bietende Gelegenheit genutzt, Frischwasser aufzufüllen. Eine „Sichtprobe" mit einem sauberen Glas macht allerdings immer Sinn. Und ich verwendete immer die schon erwähnten Wasserentkeimungsmittel. Auf diese Weise konnte „Montezumas Rache" bislang immer vermieden werden, selbst im Rekordsommer 2014.

Oft hilft auch die Frage beim Personal einer Gaststätte, bei einem Bauernhof etc. und bei Tourist-Informationsbüros weiter. Eine freundliche Nachfrage kostet bei den hilfsbereiten Gastgebern nichts - und das Wasser (meistens) auch nicht, selbst wenn es uns auf einem Bauernhof mühevoll mit dem Eimer aus dem Tiefbrunnen geschöpft wurde (... wobei eine kleine Aufmerksamkeit in solchen Fällen sicher angebracht ist).

Gasversorgung

Wer einen Gastank oder Gastankflasche an Bord hat, ist auf der sicheren Seite, denn nahezu jede Tankstelle in Estland ist auch eine Gastankstelle. (LPG). Doch auch mit der üblichen Gasflasche sieht das gut aus, obwohl dank europäischer Gesetze nicht mehr jede Tankstelle die Flaschen füllen darf. Doch technisch ist es kein Problem, wenn Sie ein Flaschen-Füll-Set (kostet zwischen € 15 und 20 im Campingfachhandel) mitführen. Fragen Sie an Tankstellen nach, dann werden Sie die nächste Füllstation benannt bekommen. Der Preis für das Gas ist übrigens etwas günstiger, als zu Hause.

In Tallinn wird Ihnen an folgender Adresse geholfen, wenn Ihre 5kg/11kg Gasflasche nach einer neuen Füllung ruft:

AS Propaan, Gaasi 8, 11415 Tallinn (EST) - **GPS** N59 25 27.0 E24 51 16.0
Tel. +372 6070 823 - mailto: info@propaan.ee - www.propaan.ee

Noch günstiger kommen Sie jedoch hin, wenn Sie sparsam mit dem Brennstoff umgehen. Gastankstellen, aber auch die (allerdings wenigen) Campinghändler wissen über die nächste Füllstation Bescheid.

Gesundheit/Ärztliche Versorgung/Apotheken

Estland ist ein EU-Land. Damit sind keine größeren Probleme zu erwarten, wenn der Fall der Fälle eintreten sollte und Sie einen Arzt benötigen. Dennoch sollten Sie eine Auslandskrankenversicherung abschließen, damit Sie sich nicht mit der Abrechnung herumschlagen müssen oder gar auf Ihren Kosten sitzen bleiben. Generell sollten Sie natürlich die Auslandskrankenversicherungskarte Ihrer Krankenkasse bei sich haben. Bewahren Sie Belege einer Arztbehandlung für die spätere Abrechnung auf.

Dringend empfohlen wird vor der Reise die Impfung gegen FSME, um die schlimmste Folge eines Zeckenbisses vermeiden zu können.

Haustiere

Ihre Vierbeiner dürfen mit nach Estland einreisen, wenn der Europäische Heimtierpass, ein internationaler Impfpass mit den gültigen Impfungen (Tollwut mind. 30 Tage, max. 1 Jahr alt) und das tierärztliche Gesundheitszeugnis (max. 30 Tage alt) vorgewiesen wird. Für andere Tiere fragen Sie am besten im Vorfeld den Tourismusverband, die Botschaft oder Ihren Tierarzt. **WICHTIG**: Leider wird den Vierbeinern oft der Zutritt zu Stränden, Parks und Campingplätzen verwehrt. Doch kommt dies in Estland viel seltener vor, als in Litauen und Lettland.

Auch wenn das die Einheimischen wenig schert und vor allem die streunenden Hunde mit großer Genugtuung ihr Häufchen fallen lassen, sollten Sie Fingerspitzengefühl walten lassen. Nehmen Sie immer einen Beutel mit, um den Hundekot aufnehmen und entsorgen zu können. Das ist ohnehin sinnvoll, hilft aber im Zweifelsfall auch mal weiter, damit ein „Offizieller" ein Auge zudrückt und 'Fifi' gewähren lässt.

In öffentlichen Verkehrsmitteln ist die Situation auch etwas schwierig. Offiziell werden Hunde häufig nicht akzeptiert. Doch zeigt meine Erfahrung, dass es hilfreich ist, einen Maulkorb dabei zu haben. Das beruhigt das Fahrpersonal ungemein und erspart Ihnen Diskussionen.

Kleidung

Im Sommer gehören leichte Sommerkleider ins Gepäck, aber auch Regenkleider, Pullover, warme Socken, angesichts steifer Seebrise auch Handschuhe, Mütze und gutes Schuhwerk. Zwar habe ich die warmen Sachen im Sommer auch in Estland noch nie wirklich benötigt, doch in den nördlichen Gefilden kann es schon mal kühl werden, wenn das Wetter umschlägt oder man den Abend draußen genießt. Da der Sommer ausgesprochen schön sein kann (wenn **Sie** reisen sowieso!), gehören Sonnenschutz (Kopfbedeckung, Sonnencreme) und ein Mückenschutzmittel dazu. Badesachen sind natürlich immer angesagt - an der Ostsee der herrlichen Strände und im Binnenland der zahlreichen, schönen Seen wegen.

Klima/Wetter/Reisezeit

Estland ist vom kontinentalen Klima mit maritimen Einflüssen geprägt. Das bedeutet, dass der Sommer sehr heiß und beständig schön werden kann (ich erlebte 2014 den Rekordsommer in Litauen mit einer Höchsttemperatur von 36,5°C. In Estland war es zur gleichen Zeit nicht viel kühler). Temperaturen um oder deutlich über 30° C sind also nichts Außergewöhnliches.

Wenn aber das Wetter umschlägt, kann es auch schon mal empfindlich kühl werden - die arktischen Breiten sind halt näher als zu Hause. Auch an warmen Sommertagen folgen in der Regel angenehm kühle Nächte. Genau das macht das Reisen angenehm, denn man schläft dann auch besser.

Lebensmittel/Getränke

Sie können in bestens sortierten Supermärkten einkaufen wie zu Hause. Die Preise sind dabei differenziert zu betrachten. Westwaren sind teils sogar teurer, als zu Hause, was eigentlich auch konsequent ist, wenn man die Transportkosten berücksichtigt. Doch einheimische (also estnische) Produkte sind günstiger als zu Hause.

Die Qualität der Waren und Lebensmittel ist durchweg gut. Es besteht also keine Notwendigkeit, zu Hause größere Mengen an Lebensmitteln zu bunkern. Sie erhalten alles (wirklich alles!) vor Ort.

Eine Ausnahme gibt es vielleicht schon: Das gute Tröpfchen Wein sollten Weinliebhaber vielleicht von daheim mitnehmen, denn da ist das Angebot nicht überall üppig. Und in Estland steht man beim guten Tropfen (auch Sekt) eher auf süßliche, liebliche Sorten. Wer trocken ausgebaute Weine bevorzugt, sollte daheim vorsorgen. Jedoch sind diese bei näherem Hinschauen vermehrt auch in guten estnischen Geschäften zu erhalten.

Literatur/Landkarten

Dieser Wohnmobil-Reiseführer kann und will Ihnen keine vollständige Information über jeden Winkel Estlands geben. Vielmehr versteht sich dieses Buch als Orientierung aus unserer Praxis für Ihre Wohnmobilreise. Ergänzend empfehle ich Ihnen, gezielt geeignete Literatur bzw. Landkarten je nach Ihren Vorlieben zu kaufen. Mit folgenden Büchern habe ich gute Erfahrungen gemacht:

- Ein rundes Angebot, bestehend aus je einem Reiseführer, dem Kauderwelsch-Sprechführer und einer Landkarte für alle drei Länder (1:325.000) sowie ein Gesamtblatt (1:600.000) bietet der Reise Know How Verlag. Die Straßenkarten bestechen durch ihr „unkaputtbares" Papier.
- Die regionalen Fremdenverkehrsämter geben zudem Tourenvorschläge heraus, die Sie sich jeweils vor Ort/nach Bedarf holen sollten.
- Wanderliteratur aus den gängigen Reiseverlagen ist leider (noch) nicht verfügbar. Hier sollten Sie sich an die Fremdenverkehrsämter halten.

Netzspannung - Stromanschluss

Wie in Europa üblich beträgt die Netzspannung 230 V/50 Hz. Euronormstecker klappen eigentlich immer, Schuko-Stecker sind gängig. Einen Stromanschluss können Sie fast auf allen Campingplätzen erwarten. Dort finden Sie meist Schuko-Stecker vor, manchmal auch die üblichen blauten, 3-poligen Anschlussstecker, die wir von zu Hause kennen. Doch sollten Sie ein mindestens 10-15 m langes Kabel dabei haben, einige Meter mehr sind immer von Vorteil.

Notruf und Pannenhilfe

Europäisch einheitlicher Notruf (Polizei/Rettungsdienst/Feuerwehr): 112

Tourist-Informationen/Reisevorbereitung

Zahlreiche gute Tipps für die Reisepraxis erhalten Sie vorab vom Estnischen Fremdenverkehrsamt in Hamburg. Am einfachsten klicken Sie ins Internet oder senden eine e-Mail dorthin:

Estonian Tourist Board (Büro in Deutschland)
Kleine Reichenstraße 6
20457 Hamburg
e-mail: hamburg@estonia.eu - www.visitestonia.com

Gute Auskünfte und Prospekte zu den jeweiligen Regionen erhält man in Tourist-Informationen vor Ort. Gerne hilft man dort bei der Vermittlung geführter Wanderungen, Reittouren etc. oder berät ausführlich, welche Unternehmungen auf eigene Faust möglich sind (Wandern, Besichtigungen, sonstige Informationen). Außerdem werden Wander- oder Straßenkarten sowie Postkarten, oft auch Souvenirs angeboten.

In den Routenvorschlägen verweise ich häufig auf die Möglichkeit, wie Sie mit den jeweiligen Büros telefonisch, per Fax oder eMail in Verbindung treten können. Die zitierten Websites sind überdies hilfreich und informativ.

Vorbereitung des Fahrzeugs

Vergessen Sie nicht, Ihr Auto vor Reiseantritt zum Urlaubscheck in Ihre Werkstatt zu bringen.

Restaurants

Essen gehen ist meist deutlich günstigerer, als zu Hause. Mittlerweile muss man aber das Wort „meist" betonen. Häufig erhält man ein gutes, kräftiges Essen im mittleren Preissegment für um oder unter € 10,00 (nach oben natürlich keine Grenzen). Auf dem Land ist es günstiger, wenn man bewusst nach regionalen, traditionellen Speisen fragt. Das gilt auch für die Getränke. Sehr günstig, qualitativ aber durchaus ansprechend, sind Selbstbedienungstheken in großen Supermärkten, wo man oft preiswerte, frisch zubereitete Speisen (oft deutlich unter € 5,00) zum Mitnehmen erhält.

Spezialitäten des Landes
Die Küche kann auch in Estland am treffendsten mit bodenständig, deftig und kräftig beschrieben werden. Vergessen Sie, was Sie unter Diät verstehen - man ist ja im Urlaub. Das heißt aber auch, dass die angebotenen Speisen in Restaurants saisonal unterschiedlich aussehen - je nach dem, was der Markt gerade hergibt.

Fast obligatorisch, sind Kartoffeln in allen denkbaren Varianten von den wohl überall angebotenen Pommes Frites über Salz -und Bratkartoffeln, Kartoffelbrei bis zum Gratin.

Schweine-, teils auch Rindfleisch sind ein Hauptbestandteil der estnischen Küche. In Küstennähe und an den Seen erhalten Sie auch ein breites Angebot an Fisch. Ob mit oder ohne Gemüse (häufig Kraut, Karotten etc.) - ein Schlag Sauerrahm und Rote Beete dürfen meist nicht fehlen. Gerne und viel verwendet werden auch Kräuter, allen voran Dill.

Das gute, haltbare und kräftige Roggenschwarzbrot habe ich schätzen gelernt. Es wird ganz besonders hier in Estland viel angeboten.
Das beliebteste Getränk auch hier? Bier - und das schmeckt durchweg richtig gut!

Trinkgeld
Es ist üblich, guten Service durch ein angemessenes Trinkgeld zu honorieren. Die Praxis ist vergleichbar mit der in Deutschland.

Sehenswürdigkeiten/Museen

Museen sind meist Dienstag bis Sonntag ca. 10-18.00 Uhr geöffnet. Montag ist normalerweise Ruhetag, oft wird über Mittag geschlossen. Ausnahmen sind in den Hauptorten des Tourismus die größeren Einrichtungen, wo während der Haupturlaubszeit (Juni-August) oft täglich geöffnet wird und in der Hauptsaison oft auch länger.

Sprache, Verständigung

Die estnische Sprache wird uns deutschsprachigen Gästen sicher fremd vorkommen. Es mag Sie aber beruhigen, dass man meist problemlos mit Englischkenntnissen, häufig aber auch mit Deutsch durchkommt.

Telefonieren/Internet/Presse

Die internationale Vorwahl nach Estland lautet +372. Die Ortsvorwahl beginnt (wie zu Hause) mit einer „0", die bei Verwendung der Auslandsvorwahl weggelassen wird. Dann folgen die Anschlussnummer und die Durchwahl. Vorwahl für Ihren Anruf nach Hause: Nach Deutschland 0049 (Schweiz 0041 und Österreich 0043) - die „0" der Vorwahl ist dann wegzulassen.

Gängig ist das Telefonieren mit dem „Handy" (GSM-Netz). So können Sie Ihr Mobiltelefon auch in Estland verwenden - mit entsprechenden Roaming-Gebühren natürlich, wobei diese in der EU ja deutlich günstiger geworden sind. Bei längeren Aufenthalten empfiehlt sich die Überlegung, vor Ort eine SIM-Karte (prepaid) zu erwerben. Oder prüfen Sie die Europa-Angebote verschiedener Anbieter zu Hause im Vorfeld.

In der Einleitung hatte ich schon darauf hingewiesen: Estland ist ein „e-Land". Fast flächendeckend im Siedlungsraum, besonders auf Campingplätzen, in Restaurants und Städten finden Sie„WiFi-Zonen", wo Sie gegen eine moderate Gebühr, meist sogar kostenlos (WiFi) im Netz surfen können. Dafür erhalten Sie - selbst in den Hauptstädten, kaum deutsche Zeitungen. Auf die Lektüre der Tageszeitung sollten Sie sich nach dem Urlaub freuen.

Währung und sonstige Zahlungsmittel

Das Thema hat sich erledigt: Auch in Estland gilt - bereits seit 2011 - der Euro als gesetzliches Zahlungsmittel.

Fast überall können Sie auch Kleinbeträge mit Kreditkarten bezahlen. Seien Sie beim Bargeld sparsam - Sicherheitsgründe gehen vor Bequemlichkeit

Wandern

Wandern ist hier eher und treffender mit Spazierengehen zu beschreiben. Häufig finden sich interessante Pfade, oft in einsame Moore, endlose Märchenwälder oder entlang der Küsten.

Viele Tipps sind in den Routen beschrieben. Ergänzende Infos erhalten Sie bei den Fremdenverkehrsämtern. Schweißtreibende Anstiege sind die Ausnahme, weil Mutter Natur hier die Berge vergessen hat. Das heißt aber nicht, dass Sie das Wandern aus den Urlaubsplänen streichen sollten - im Gegenteil. Schwere Bergstiefel können Sie getrost zu Hause lassen. Leichte Wanderschuhe sind die bessere Wahl.

Zeitzone

In Estland gilt Osteuropäische Zeit (entspricht Mitteleuropäische (Sommer-) Zeit + 1 Stunde!) Die Umstellungstermine auf Sommer- bzw. Winterzeit entsprechen jeweils der Praxis in Mitteleuropa.

Zoll- und Einreisebestimmungen

Das Schengen-Abkommen macht die Einreiseformalitäten überflüssig. Als EU-Bürger ab 16 Jahren genügt der Personalausweis oder Reisepass, für Kinder ein gültiger Kinderausweis mit Lichtbild. An Bord haben müssen Sie natürlich die Fahrzeugpapiere/KFZ-Schein.

Für die Einfuhr von Haustieren und Lebensmitteln gelten die üblichen Regelungen innerhalb der EU-Länder

Zum Schluss

Die Buchreihe MOBIL & AKTIV ERLEBEN - WOHNMOBIL-Reiseführer lebt von Erfahrungen aus der Praxis für die Praxis. Wenn Sie Hinweise und Vorschläge geben können und möchten, wie wir die Bücher entsprechend Ihren Vorstellungen noch besser gestalten können, kommen Sie bitte auf uns zu.

Wir sind auch offen, wenn Sie Interesse haben, die Buchreihe zu erweitern. Wenn Sie sich mit den eingangs festgehaltenen Unternehmensgrundsätzen identifizieren und selbst kreativ werden möchten, können Sie als Autor eines solchen Wohnmobil-Reiseführers aktiv werden.

Sprechen Sie uns einfach an. Sie erreichen uns am leichtesten **per eMail unter verlag@mobil-und-aktiv-erleben.de oder per Post.**

Weitere Hinweise auf interessante Aspekte dieses Verlages sowie auf das wachsende Angebot von Büchern dieser Reihe finden Sie im Internet unter **www.mobil-und-aktiv-erleben.de**. Dort können Sie sich informieren, für welche Bücher wir gerade auf Achse sind.

INFOS A-Z

So sind Sie immer informiert über all das, was wir gerade recherchieren und über wichtige Neuigkeiten in und zu unseren Büchern.
Unser Online-Buchshop bietet die jeweils aktuellste Übersicht über unser Buchprogramm und interessante zusätzliche Literatur.
Mit diesen Hinweisen sind Sie gut gerüstet für einen erholsamen und erlebnisreichen Urlaub.

Und nun wünsche ich allseits eine gute Reise!

Stichwortverzeichnis

INDEX